Faszination und Schrecken des Krieges

Beiheft 2015 zur
Berliner Theologischen Zeitschrift

Notger Slenczka (Hrsg.)

Faszination und Schrecken des Krieges

XXIII. Reihlen-Vorlesung

EVANGELISCHE VERLAGSANSTALT
Leipzig

Bibliographische Information der Deutschen Nationalbibliothek
Die Deutsche Nationalbibliothek verzeichnet diese Publikation in der
Deutschen Nationalbibliographie; detaillierte bibliographische Daten
sind im Internet über http://dnb.dnb.de abrufbar.

© 2015 by Evangelische Verlagsanstalt GmbH · Leipzig
Printed in Germany · H 7948

Das Buch wurde auf alterungsbeständigem Papier gedruckt.

Cover: Kai-Michael Gustmann, Leipzig
Satz: Mario Moths, Marl
Druck und Binden: Hubert & Co., Göttingen

ISBN 978-3-374-04255-5
www.eva-leipzig.de

Inhalt

Notger Slenczka
Einleitung 7

Gangolf Hübinger
Die Intellektuellen und der „Kulturkrieg" (1914–1918) 11

Uwe M. Schneede
„Meine Kunst kriegt hier zu fressen"
Wie deutsche Künstler den Krieg verarbeiteten 27

Martin Neubauer
Zerstörung und Verstörung
Literarische Perspektiven auf den Ersten Weltkrieg 46

Arnulf von Scheliha
„Unser Krieg ist eine Frage an Gott"
Theologische Deutungen des Ersten Weltkrieges 61

Birgit Aschmann
Oh mein Gott. Die Katholiken und der Krieg 81

Ute Frevert
Gefühle im Krieg 106

Jörn Leonhard
Die Büchse der Pandora des 20. Jahrhunderts
Der Erste Weltkrieg als Umbruch von Erwartungen und Erfahrungen   120

Einleitung

Notger Slenczka

Die Reihlen-Vorlesung, die jedes Jahr am Vorabend des Buß- und Bettages und an diesem inzwischen nicht mehr arbeitsfreien Feiertag stattfindet, ist ein jährlich abgehaltenes Symposium und hat die Aufgabe, gesellschaftlich und theologisch relevante Themen interdisziplinär zur Diskussion zu stellen. Träger der Veranstaltung ist die Theologische Fakultät. Ermöglicht wird diese Veranstaltung aber durch eine Stiftung. Vier Brüder haben sie aufgelegt zum Gedenken an ihren 1945 im Alter von 18 Jahren gefallenen Bruder Werner Reihlen. Die Stiftung will durch diese Veranstaltung ein Forum schaffen, in dem das Bewusstsein für gesellschaftliche Probleme und deren historische Wurzeln geschärft werden und die geistigen und politischen Entwicklungen, die im 20. Jahrhundert zu verblendeter Faszination und zu noch nie dagewesenem Schrecken geführt haben, in ihren Ursachen und Folgen reflektiert und bedacht werden können.

Daher ist es nicht ohne Grund, dass wir – der Vorbereitungskreis, dem neben dem jeweiligen Dekan der Fakultät und meiner Wenigkeit auch Kollege Volker Gerhardt von der Philosophischen Fakultät angehört – in diesem Jahr, in dem wir in besonderer Weise auf den Beginn des Ersten Weltkrieges vor 100 Jahren zurückblicken, diesen Krieg zum Gegenstand der Veranstaltung gemacht haben, und zwar unter dem Titel ‚Faszination und Schrecken des Krieges'. Dass der Krieg schrecklich ist, wissen wir alle, dafür muss man nur den Überlebenden des Zweiten Weltkrieges zuhören oder mit wachem Geist verarbeiten, was uns die Medien täglich präsentieren. Dass vom Krieg aber eine Faszination ausgeht, wissen wir aus dem, was man nachträglich als ‚Augusterlebnis' oder als den ‚Geist von 1914' bezeichnete; wir wissen es aus der den Krieg und die Nachkriegszeit begleitenden, höchst ambivalenten, Faszination und Schrecken verbindenden Rede vom ‚Kriegserlebnis'. Wir wissen es aber auch aus der Gegenwart, in der wir mit Befremden und in vielen Kontexten – auch, aber nicht nur bei Teilnehmern an kriegerischen Auseinandersetzung – eine Begeisterung für die Gewalt und eine Faszination durch Gewalt wahrnehmen, die dann auch propagandistisch geweckt oder ausgebeutet wird.

Es hat also durchaus eine gegenwartsdiagnostische Pointe, wenn wir uns mit den Vorträgen dieses Symposiums auf den Spuren bewegen, die der Erste Weltkrieg in der Geistesgeschichte, an den Universitäten, in der theologischen Reflexion, in der Kunst, in der Literatur und im Gefühlsleben aufgenommen hat, und den Spuren nachgehen, die er in allen diesen Bereichen hinterlassen hat: wie der Schrecken und die Faszination möglich, und wie sie gedeutet und verarbeitet wurden. Ich persönlich hoffe, dass dem Umgang mit der Deutung und Verarbeitung des Krieges vor 100 Jahren Fragen und Einsichten entspringen, die unseren gegenwärtigen reflektierenden Umgang mit dem Phänomen des Krieges begleiten und bereichern können, der – ob wir das wollen oder nicht – Schrecken und Faszination vereint und der darin dem Gegenstand der Religion ähnelt, den Rudolf Otto in seinem nicht zufällig 1917 erschienenen Buch ‚Das Heilige' nicht zufällig als das ‚mysterium tremendum et fascinosum – das schreckerregende und anziehend in Bann schlagende Mysterium' bezeichnet hat.

Die Beiträge gehen diesem Phänomen aus unterschiedlichen Perspektiven nach: Nicht zu unterschätzen ist die mobilisierende Wirkung von Begriffen, unter denen Universitätsgelehrte den Krieg deuteten und legitimierten. Der Professor für Vergleichende Kulturgeschichte der Neuzeit an der Europa-Universität in Frankfurt/ Oder, *Gangolf Hübinger*, zeichnet in seinem Beitrag ‚Die Intellektuellen und der Kulturkrieg' die Wandlungen des Verständnisses des Begriffs ‚Kulturkrieg' nach und unterscheidet drei Phasen der Verwendung des Begriffes, diesem entsprechen jeweils drei unterschiedliche Verwendungsabsichten, aus denen heraus Sombart, Eucken und Haeckel in der ersten Mobilisierungsphase des Krieges, Ernst Troeltsch auf dem Höhepunkt und Max Weber im Ausgang des Krieges, die Auseinandersetzung um die Nachkriegsordnung vorbereitend, nach diesem Begriff greifen.

Auf kaum einem Gebiet haben sich die Faszination und der Schrecken des Krieges und zugleich seine religiösen Untertöne so eindrucksvoll niedergeschlagen wie auf dem Gebiet der Malerei und der bildenden Kunst; das berühmte Triptychon von Otto Dix manifestiert die Verbindung von Faszination und Schrecken in besonderer Weise. *Uwe M. Schneede*, Direktor der Kunsthalle in Hamburg, stellt die unmittelbaren und mittelbaren Auswirkungen des Krieges im Werk von vier Künstlern dar, die in sehr unterschiedlicher Weise von Krieg betroffen und in ihn involviert sind – begeistert, fasziniert und rasch enttäuscht und unter den erlebten Schrecken zusammenbrechend die einen, zurückhaltend und kritisch die anderen: Wilhelm Morgner, Max Beckmann, Otto Dix, E. L. Kirchner und Paul Klee. Sein Beitrag hat den Titel: „ ‚Meine Kunst kriegt hier zu fressen' – wie deutsche Künstler den Krieg verarbeiteten".

Der darauf folgende Beitrag blieb auf dem Gebiet der künstlerischen Verarbeitung und zeichnete den literarischen Niederschlag des Krieges nach, unter dem Titel: „Zerstörung und Verstörung – Literarische Perspektiven auf den Ersten

Weltkrieg". *Martin Neubauer* lehrt Literaturgeschichte am Institut für Germanistik an der Universität Wien. Er sortiert das Feld der vom Krieg betroffenen Literaten in vier Gruppen, die sich an der Form der Teilnahme am Krieg und an der begeisterten oder ablehnenden Haltung zu ihm orientieren; er zeigt, wie der Krieg nicht nur den Inhalt, sondern auch die Form der literarischen Produktion beeinflusst. Er verweist abschließend auf die Rolle der Literatur in der Bewahrung und Deutung dieses Ereignisses im Vergleich mit einem Ereignis, das gleich nach dem Ersten Weltkrieg in einem kürzeren Zeitraum ungleich mehr Opfer gefordert hat, nämlich die in Europa grassierende Spanische Grippe, die keinen literarischen Niederschlag gefunden hat und von der sich im kollektiven Gedächtnis keine Spuren mehr finden.

Nicht nur in Intellektuellenverlautbarungen, sondern vor allem in Predigten hat die protestantische Theologie in der Breite der Bevölkerung sehr wirksam zur Deutung und Legitimation des Krieges beigetragen – im allgemeinen Bewusstsein wird den protestantischen Predigern dabei eine funktionale Verwendung der Religion zugeschrieben. *Arnulf von Scheliha*, Professor für Systematische Theologie an der Theologischen Fakultät der Universität Münster, fragt, gestützt auf eine Auswertung von Kriegspredigten, nach den theologischen Kategorien, unter denen der Krieg erfasst und gedeutet wird; er geht insbesondere der verbreiteten Deutung des Krieges als ,verhängtes Gericht' nach, das gegenüber der Verherrlichung oder geschichtstheologischen Legitimation des Krieges ebenso ein selbstkritisches Potential entfaltet, wie das Motiv der Liebe die Prediger immer wieder zum Blick auf ,die andere Seite' nötigt: „ ,Unser Krieg ist eine Frage an Gott.' Theologische Deutungen des Ersten Weltkrieges".

Birgit Aschmann, Professorin für Europäische Geschichte des 19. Jahrhunderts an der Humboldt-Universität zu Berlin, geht in ihrem Beitrag „Oh mein Gott. Die Katholiken und der Erste Weltkrieg" der deutenden Reaktion des Katholizismus auf den Weltkrieg nach, zeigt, wie der Krieg im Ausbruch als Chance des Katholizismus zu voller Partizipation an der Gesellschaft des Deutschen Reiches gesehen wurde; wie und unter welchen theologischen Kategorien es im Kriegsverlauf zur Funktionalisierung und Nationalisierung der eigentlich als nationenübergreifende Weltkirche konzipierten Katholizismus kommt; sie geht den Friedensinitiativen der Kirche und ihren Motiven nach, ordnet zugleich Zentralisierungstendenzen der Kurie den kriegsbedingten Nationalisierungstendenzen zu und zeichnet schließlich in einem ,Blick von unten' die stabilisierende Funktion religiöser Motive und vor allem Emotionen an den Fronten des Krieges nach, zugleich aber das Anwachsen devotionaler Frömmigkeitsformen unter dem Druck der Schrecken des Krieges.

Die Direktorin des Max-Planck-Instituts für Bildungsforschung Ute Frevert, die intensiv auf dem Gebiet der Emotionstheorie forscht, trägt unter der Überschrift „Gefühle im Krieg", ausgehend von Käthe Kollwitz und deren Verarbeitung des Kriegstodes ihres Sohnes, eine Analyse des Begriffs der ‚Ehre' und seines schillernden, bei allen Kriegsparteien mobilisierten Deutungspotentials bei, wobei die Differenzen zwischen der Verwendung in der Deutung des individuellen Geschicks und in der offiziellen Propaganda ebenso greifbar wird, wie der Grund für den nicht zuletzt im Weltkrieg eingetretenen Verlust der positiven Semantik, der den Begriff bis heute prägt.

Jörn Leonhardt, Professor für Neuere Geschichte in Freiburg, zeichnet unter dem Titel „Die Büchse der Pandora des 20. Jahrhunderts: Der Erste Weltkrieg als Umbruch von Erwartungen und Erfahrungen" und in einem Überblick über die unterschiedlichen – globalen und individuellen, militärischen und zivilen – Kontexte nach, dass und in welchem Sinne der Krieg jeweils einen Zusammenbruch von Erwartungskategorien, mit denen Erfahrungen gedeutet werden, darstellt. Der Zusammenbruch des Erwartungsvertrauens ist nach Leonhardt eine Wirkung des Krieges, die seine These begründet, dass der eigentliche Sieger des Krieges der Krieg selbst war: in den nachhaltig erschütterten Ordnungszusammenhängen finden neue Deutungskategorien keine allgemeine Akzeptanz mehr, so dass sich in dieser ‚neuen Unübersichtlichkeit' die Fortsetzung der Gewalt als selbstverständliches Mittel der Auseinandersetzung anbietet. Jörn Leonhardt deutet den Weltkrieg damit als Initialzündung, als Öffnen der Pandorabüchse, die die Katastrophen des damals noch jungen 20. Jahrhunderts aus sich herauslässt.

Es wird in allen Beiträgen zum Thema sichtbar, dass dieser Erste Weltkrieg nicht nur Millionen Menschenleben gefordert hat, sondern Deutungsmacht und Deutungsmittel in den Dienst genommen und zugleich zerstört hat. Die Faszination, die von Krieg ausgeht und dazu führt, dass die emotionalen, künstlerischen, religiösen und intellektuellen Deutungsmittel einer Lebensgemeinschaft diesem Krieg zur Verfügung gestellt werden, führt gleichzeitig dazu, dass der Schrecken des Krieges diese Deutungsmittel ergreift, ihre erschließende Kraft zum Verstummen bringt und in der Zeit nach dem Krieg nachhaltig verändert zurücklässt: Als Aufforderung für die Nachkommen, der Verführbarkeit der Deutungskraft durch das Sinnwidrige nachzudenken, wie Thomas Mann das tat, der in dem Schneetraum Hans Castorps in dem einen kursiv gesetzten Satz des Romans das Ergebnis der Reflexion nicht nur seines Romanhelden in einer Absage an die Faszination durch den Tod, die auch seine Deutung des Krieges in den ‚Betrachtungen eines Unpolitischen' noch prägte, zusammenfasst: „Der Mensch soll um der Güte und Liebe willen dem Tode keine Herrschaft einräumen über seine Gedanken."

Die Intellektuellen und der „Kulturkrieg" (1914–1918)

Gangolf Hübinger

Der Ausbruch des Ersten Weltkriegs verlief in den deutschen Städten in etwa nach folgendem Muster: Am 31. Juli ertönten Trommelwirbel und Hornsignal. Der Oberbefehlshaber des jeweiligen Generalkommandos ließ den Zustand der drohenden Kriegsgefahr verkünden. Am 1. August, nach Erklärung der Generalmobilmachung, hielt der Oberbürgermeister eine patriotische Rede: die Nation müsse sich gegen einen Ring aggressiver Feinde verteidigen und trete in einen gerechten Krieg ein. Am 2. August schlug die Stunde der Intellektuellen. In Heidelberg zum Beispiel ist es Ernst Troeltsch, der reichsweit bekannte Theologe. „Nach Erklärung der Mobilmachung" heißt seine Rede auf der von Stadt und Universität einberufenen vaterländischen Versammlung. „Der Riesenkampf von 1813 hatte seine Ernst Moritz Arndt, seine Fichte, seine Schleiermacher".[1] Der Vergleich mit 1813 ist ein beliebtes rhetorisches Mittel zum Auftakt des „Kulturkrieges". In gleicher Leidenschaft will Troeltsch auch im August 1914 „Geist und Scharfsinn, Klugheit und Schärfe, Feuer und Energie unseres ganzen Gelehrten- und Künstlertums ergossen sehen in flammende, starke, gläubige und mahnende Worte, die den Heeressäulen der Nation voranziehen als Wahrzeichen deutscher Gesinnung, und den Arbeitenden und Harrenden daheim den Mut, die Klarheit und die Arbeitskraft stärken."[2]

Das Thema dieses Beitrages[3] wird sein, welche Worte der Intellektuellen den „Heeressäulen der Nation" voranziehen. Auf Ernst Troeltsch werde ich später noch einmal zurückkommen, denn er ist es, der die drei entscheidenden Stichworte einer intellektuellen Mobilmachung in einen inneren und zugleich kritisch reflektierenden Zusammenhang bringt: „Kulturkrieg", „Ideen von 1914", „Deutsche Idee von der Freiheit".

---

1 ERNST TROELTSCH, Nach der Mobilmachung, Heidelberg 1914, 6.

2 A.a.O., 7.

3 Der ursprüngliche Vortragsstil wird im Wesentlichen beibehalten. Eine frühere Fassung dieses Vortrages findet sich in: Ausstellungskatalog der Klassik Stiftung Weimar: Krieg der Geister. Weimar als Symbolort deutscher Kultur vor und nach 1914, hrsg. von WOLFGANG HOLLER u.a., Dresden 2014, 30–41.

Die Reihlen-Vorlesung ist auf die beiden emotionalen Gegenpole „Faszination" und „Schrecken" des Krieges ausgerichtet. Die Schriftsteller und die Maler haben wohl am krassesten zum Ausdruck gebracht, was den Heeressäulen an Wort- und Bildgewalt voranzieht.⁴ Aber das ist hier nicht mein Thema. Zum Thema „Kultur-krieg" konzentriere ich mich auf die universitären Intellektuellen und auf die Art, wie sie den Krieg in seinen Ursachen wie in seinen Zielen als „Kulturkrieg" ver-stehen und an der Heimatfront als einen solchen führen.⁵ Zu dieser spezifischen Gruppe, die keinesfalls nur Sprachrohre der militärischen oder politischen Füh-rung sind, sind sehr unterschiedliche Stoßrichtungen im europäischen „Krieg der Geister" herauszustellen. Und es sind für den Verlauf des Krieges drei charakteris-tische Phasen zu unterscheiden.

Zu Kriegsbeginn herrscht unter den Bildungseliten eine euphorische Siegesge-wissheit, im Namen der deutschen Kultur, Europa von der russischen Knute wie vom britischen Kapitalismus zu befreien. Diese Zuversicht währt nur kurz. Schon im Oktober 1914 geraten die deutschen Intellektuellen in die Defensive und müs-sen sich gegen den Vorwurf einer „barbarischen" Kriegsführung verteidigen. Für diese Verteidigung finden sie griffige Formeln, die Verknüpfung von „Weimar und Potsdam" und die „Ideen von 1914". In dieser zweiten Phase – sie beherrscht die Jahre 1915 und 1916 – meint „Kulturkrieg" Streit um die politische Ordnung und eine Rechtfertigung des deutschen Weges in die Moderne gegenüber den „westli-chen Demokratien". Die dritte Phase beginnt mit dem amerikanischen Kriegsein-tritt im April 1917. Die „Ideen von 1914" verlieren ihre mobilisierende Kraft. Und die Ideenkämpfe zielen immer weniger auf den Kriegsgegner; sie verlagern sich nach innen und richten sich auf die politische, soziale und kulturelle Neuordnung Deutschlands nach dem Krieg. Diese drei Phasen werde ich näher charakterisieren und voneinander abgrenzen.

I.

In der Aufbruchsphase von 1914 machen die Kultureliten die Mobilisierung der Heimatfront zu ihrer Aufgabe. Besondere Mobilisierungszentren sind die Univer-

---

4   Eindringlich hier KUNST- UND AUSSTELLUNGSHALLE DER BUNDESREPUBLIK DEUTSCHLAND GMBH, BONN u.a. (Hrsg.), 1914. Die Avantgarden im Kampf, Bonn 2013; vgl. UWE M. SCHNEEDE, Die Avantgarden im Kampf, 20–33.

5   Um Missverständnissen vorzubeugen: es geht im Folgenden nicht um eine Gesamtdarstellung der „Intellektuellen im Krieg", die auch Sozialisten, Anarchisten, Pazifisten oder die konfessionel-len Milieus in ihrer ganzen ideenpolitischen Breite einbeziehen müsste.

sitätsstädte. Was Ernst Troeltsch als Theologe in Heidelberg und ab Frühjahr 1915 als Kulturphilosoph in Berlin ist, das sind Anfang August 1914 Rudolf Eucken und Ernst Haeckel in Jena. Ihr Schulterschluss an der Universität Jena ist besonders spektakulär. Die Protagonisten einer gegensätzlichen Weltanschauung, der idealistische Philosoph Eucken und der Zoologe Haeckel, Darwins deutscher Prophet, schließen ihren eigenen Burgfrieden. Alle großen Zeitungen veröffentlichen am 19. August ihre „Anklage gegen England":

> „Was heute geschieht, wird in den Annalen der Weltgeschichte als eine unauslöschliche Schande Englands bezeichnet werden. England kämpft zugunsten einer halbasiatischen Macht gegen das Germanentum, es kämpft auf der Seite nicht nur der Barbarei, sondern auch des moralischen Unrechts, denn es sei doch nicht zu vergessen, daß Rußland den Krieg begann, weil es keine gründliche Sühne einer elenden Mordtat wollte. England ist es, dessen Schuld den gegenwärtigen Krieg zu einem Weltkrieg erweitert und damit die gesamte Kultur gefährdet, und das alles weshalb? Weil es auf Deutschlands Größe neidisch war, weil es ein weiteres Wachstum dieser Größe verhindern wollte."[6]

Das typische Intellektuellen-Manifest ist in gleich dreifacher Hinsicht bemerkenswert. Erstens, nach dem Kriegseintritt Englands am 4. August wird der Krieg als „Weltkrieg" angesprochen. Nicht als „europäischer Bürgerkrieg", wie ihn der Maler Franz Marc sah, erst recht nicht als dritter Balkankrieg, auf den die politischen Akteure ihn ursprünglich begrenzen wollten. Zweitens, in der Weltkriegsgeschichte von Herfried Münkler findet sich die These: „Die Deutschen (...) hatten von allen beteiligten Großmächten die größten Schwierigkeiten, auf die Frage nach dem Sinn des Krieges eine angemessene Antwort zu finden. (...) Sie mußten nach einem Sinn des Krieges suchen und Kriegsziele finden oder erfinden."[7] Hatten die Deutschen tatsächlich Probleme mit der Legitimierung des Krieges, und fiel es ihnen schwer, Kriegsziele öffentlich zu verfechten? Die agonale Forderung nach imperialer Macht war ein Intellektuellen-Ziel längst vor dem Krieg. Ganz so wie Eucken und Haeckel hat es zum Beispiel der in allen Journalen präsente liberale Publizist Paul Rohrbach im Jahr 1913 so formuliert: Sollten die rivalisierenden Großmächte die „Ausdehnung unseres nationalen Interessensgebietes" verhindern wollen, dann erfordere dies, „daß wir bereit sein müssen, falls es nicht

---

6   Vossische Zeitung, 418 (19.8.1914), Morgen-Ausgabe. Aufgenommen in die Textsammlung: Der Krieg der Geister. Eine Auslese deutscher und ausländischer Stimmen zum Weltkriege 1914, gesammelt und hrsg. von HERMANN KELLERMANN, Weimar 1914, 27f.
7   HERFRIED MÜNKLER, Der große Krieg. Die Welt 1914–1918, Berlin 2013, 216.

anders geht, uns darum zu schlagen".[8] Eine Rechtfertigung des Krieges mussten die Intellektuellen also nicht erfinden, sie mussten lediglich die Kriegsziele konkretisieren. Das konnten direkte Annexionen, wie in der Seeberg-Adresse, der sogenannten „Intellektuellen-Eingabe" vom Mai 1915, sein. Das konnten indirekt beherrschte Wirtschaftszonen sein, wie sie die Mitteleuropa-Konzepte im Anschluss an Friedrich Naumanns Bestseller vom Herbst 1915 vorsahen.[9]

Noch ein Drittes zeigt das Manifest von Eucken und Haeckel. Mit ihrer leidenschaftlichen Intervention demonstrieren sie auf typische Weise, worin die Intellektuellen ihren spezifischen Beitrag an der kulturellen Heimatfront sehen. Sie werfen ihre Autorität als Gelehrte und Schriftsteller in die Waagschale auf Gebieten der Politik und der Kriegsführung, die sie nicht überblicken. Gleichwohl rechtfertigen sie diesen Krieg und schreiben ihm einen historischen Sinn zu. Sie reduzieren dabei komplexe welthistorische Konstellationen auf einfach verständliche Zivilisationsbilder. Ihre polarisierenden Kulturdeutungen ermöglichen ihnen klare moralische Schuldzuweisungen. Sie beanspruchen die Deutungshoheit über die nationalen Selbst- und Fremdbilder. Und sie mobilisieren die Bevölkerung, den Krieg als einen Kulturkrieg um die nationale Existenz zu führen. Das wäre zugleich meine Definition dessen, was Intellektuelle in Krisen- und Kriegszeiten mehrheitlich tun.

Die Wenigsten bekämpfen den Krieg wie etwa der britische Philosoph Bertrand Russell aus einer pazifistischen Werthaltung heraus. Die große Mehrheit der Intellektuellen verschreibt sich dem „Krieg der Geister" nach dem gerade genannten Muster. In Frankreich setzt der Lebensphilosoph Henri Bergson die Akzente. Noch 1913 pries ihn der Jenaer Kulturverleger Eugen Diederichs als Erneuerer der in Materialismus erstarrten europäischen Kultur und machte sein Werk in Erstübersetzungen den Deutschen bekannt.[10] Als Präsident der Académie des Sciences Morales et Politiques proklamiert Bergson dann aber bereits am 8.8.1914 in Paris: „Der begonnene Kampf gegen Deutschland ist der eigentliche Kampf der Zivilisation gegen die Barbarei. Jedermann fühlt das, aber unsere Akademie verfügt über eine besondere Autorität, es zu sagen."[11] Überzeichnete Freund-Feind-Bilder dieser Art werden zu den beliebtesten Mitteln, um dem Krieg einen Sinn zu verleihen. Sie dominieren diese erste Phase, wie zwei Beispiele prominenter deutscher Ideenkämpfer zeigen.

---

8 PAUL ROHRBACH, Welt- und Kolonialpolitik, in: DAVID SARASON (Hrsg.), Das Jahr 1913. Ein Gesamtbild der Kulturentwicklung, Leipzig 1913, 45–53, hier 52.

9 Kompakt dargestellt bei: WOLFGANG J. MOMMSEN, Bürgerstolz und Weltmachtstreben. Deutschland unter Wilhelm II. 1890–1918, Berlin 1995, 620–635.

10 Vgl. DAVID MIDGLEY, „Schöpferische Entwicklung". Zur Berson-Rezeption in der deutschsprachigen Welt um 1910, in: Scientia Poetica 16 (2012), 12–66.

11 ERNST PIPER, Nacht über Europa. Kulturgeschichte des Ersten Weltkriegs, Berlin 2013, 242.

Werner Sombart nutzt seine Autorität als nationalökonomischer Erfolgsautor und Kulturkritiker, um den Gegensatz von deutschem Heldengeist und englischer Krämerseele gleich im Titel festzuschreiben. Sombarts „patriotische Besinnungen" erscheinen im Frühjahr 1915 unter dem Signaltitel „Händler und Helden". Er versteht sie als Weckruf an die Deutschen, den globalisierten angelsächsischen Kapitalismus abzustreifen, der das Land Goethes, Schillers und Nietzsches infiziert habe, und die eigene Staatsidee als „Quelle unerschöpflichen idealistischen Heldentums" zu bekräftigen.[12]

Und für den Historiker Friedrich Meinecke erteilt der Krieg all denjenigen eine Lektion, die „eine Kultur abseits vom Staate machen wollten". Ende 1914 glaubt Meinecke unbeirrt an den machtgestützten Kulturstaat: „Die größten Mächte unserer Geschichte, Luther, Goethe und Bismarck, wollen noch enger als bisher zusammenrücken. Siegen wir, so siegt zugleich die nationale Idee in ihrer höchsten Form über den rohen Nationalismus. Das wird die universale Bedeutung unseres Kampfes sein."[13]

In diesem Frühjahr 1915 konnte sich die deutsche Öffentlichkeit ein zwar von der Kriegszensur gelenktes, aber doch aufschlussreiches Bild der heftigen intellektuellen Ideenkämpfe machen. In Weimar erschien eine von Hermann Kellermann besorgte internationale Textsammlung unter dem treffenden Titel Der Krieg der Geister.[14] Der schon genannte Jenaer Philosoph Rudolf Eucken ist der gleich mehrfach zitierte Gewährsmann dafür, England die Hauptschuld zuzuschreiben: „England hat mit höchst bedenklichen Mitteln die halbe Welt gegen uns in den Krieg gehetzt – auch Rußland hätte, wie wir jetzt sehen, ohne England vielleicht den Krieg nicht begonnen – , und in diesem Krieg will es nicht nur unseren Handel und Wohlstand vernichten, es will uns unsere gesamte politische Stellung, unsere nationale Selbständigkeit rauben." Und wenn es „um Sein oder Nichtsein" gehe, so wäre es unerträglich, wenn „in einem solchen Kampfe der Gelehrte [Hervorhebung G. H.] beiseite stehe".[15]

Was hier deutlich wird: „Kulturkrieg" heißt immer auch Kommunikations- und Propagandakrieg, und Eucken nennt die entscheidende deutsche Schwachstelle. Im Zeitalter der Massenpresse liest die globalisierte Welt englisch. Und wichtig ist das Datum. Euckens zitierte Intervention erscheint im Berliner Tageblatt am

---

12 Werner Sombart, Händler und Helden. Patriotische Besinnungen, München 1915, in: Friedrich Lenger (Hrsg.), Werner Sombart 1863–1941. Eine Biographie, München 1994, 247.

13 Friedrich Meinecke, Politische Schriften und Reden, hrsg. von Georg Kotowski, Darmstadt ⁴1979, 95.

14 Kellermann, Der Krieg (s. Anm. 6).

15 A.a.O., 31f.

14. September 1914, das sind zwei Wochen nach der Zerstörung der Stadt Löwen durch die deutsche Armee am 25. August. Da steht die Beschießung der Kathedrale von Reims noch bevor; sie wird am 19. September erfolgen. Nichts hat den Ruf des Deutschen Reiches, eine Kulturnation zu sein und für deren Bewahrung einen ehrenvollen Verteidigungskrieg führen zu müssen, so nachhaltig zerstört, wie das Niederbrennen Löwens mitsamt seiner europäisch einzigartigen Bibliothek und die Zerstörung der Kathedrale von Reims, der Krönungskirche der französischen Könige. „The Triumph of ‚Culture' " betitelte das britische Punch-Magazine eine Karikatur zu Löwen.

Schlimmer noch als die unbeholfenen Rechtfertigungen, mit denen die deutsche Militärführung die Schuld auf den Widerstand einheimischer Zivilisten schieben wollte, wirkten in der Weltöffentlichkeit die Manifeste der Intellektuellen. Im berühmtesten Manifest, dem „Aufruf an die Kulturwelt", verbürgten sich 93 der namhaftesten deutschen Gelehrten und Künstler für die Lauterkeit der deutschen Kriegsführung. Das sechsfache „Es ist nicht wahr ..." – darunter: „Es ist nicht wahr, daß unsere Truppen brutal gegen Löwen gewütet haben" – konnte im Ausland nur als selbstgerechte Verweigerung verstanden werden, sich den Realitäten zu stellen. Die 93 intellektuellen Wortführer der deutschen Nation, die sich in ihrer Präambel darauf verpflichteten, mit ihrer Stimme „Verkünderin der Wahrheit" zu sein, darunter Eucken und Haeckel, machten es besonders mit ihrem letzten „Es ist nicht wahr ..." den Kriegsgegnern leicht, ihr Leitmotiv für den „Kulturkrieg" griffig zuzuspitzen. „Es ist nicht wahr", deklamierten die 93, „daß der Kampf gegen unseren sogenannten Militarismus kein Kampf gegen unsere Kultur ist, wie unsere Feinde heuchlerisch vorgeben. Ohne den deutschen Militarismus wäre die deutsche Kultur längst vom Erdboden getilgt."[16]

Worum hier so erbittert gerungen wird, das ist die wohl wirkmächtigste und umstrittenste Denkfigur des „Kulturkrieges", die Doktrin von den zwei Deutschland, symbolisiert in den Schlagwörtern „Weimar" und „Potsdam". Darauf konzentriert sich auch die Textsammlung „Krieg der Geister" und präsentiert einschlägige internationale Beispiele aus der frühen Kriegsphase. Sie dokumentiert zugleich, wie die anfänglich so grobrastrigen Freund-Feind-Zuweisungen von Zivilisierten und Barbaren oder Kulturhelden und Händlerseelen sich zu ändern und zu verfeinern beginnen zu einem Ideenkampf um konkurrierende politische Ordnungen.

---

16 Aufruf an die Kulturwelt, in: HERMANN KELLERMANN (Hrsg.), Der Krieg der Geister. Eine Auslese deutscher und ausländischer Stimmen zum Weltkriege 1914, Weimar 1915, 64–68. Siehe die ausführliche Dokumentation in: JÜRGEN VON UNGERN-STERNBERG/WOLFGANG VON UNGERN-STERNBERG, Der Aufruf „An die Kulturwelt!". Das Manifest der 93 und die Anfänge der Kriegspropaganda im Ersten Weltkrieg. Mit einer Dokumentation, Stuttgart 1996.

Typisch ist ein offener Brief, den der Chefredakteurs des Journal des Economistes Yves Guyot und der Ökonom Daniel Bellet aus der École libre des Économistes Politiques an den liberalen Münchener Nationalökonomen Lujo Brentano schreiben. Sie geben ihrer Enttäuschung Ausdruck, unter dem *Aufruf der 93* auch den Namen des international renommierten Kollegen zu finden: „Ohne unseren Militarismus' sagen Sie, ‚würde unsere Kultur längst vom Erdboden getilgt sein'. Und Sie rufen das Vermächtnis Goethes, Beethovens und Kants an. Aber Goethe, geboren in der freien Stadt Frankfurt, lebte am Hofe Karl Augusts von Weimar, welcher ein Mittelpunkt des Liberalismus und der Kunst war, der stets von Preußen bedroht wurde."[17] Solchen Attacken im Namen „Weimars" gegen das militaristische Preußen hatten wiederum die deutschen Kulturkrieger wie Sombart schon früh entgegengehalten: „Das hieße Simson scheren, wollte man den Deutschen Potsdam austreiben."[18]

Es sind vor allem die britischen Intellektuellen, die eine Zwei-Deutschland-Doktrin entwerfen,[19] um damit ihr Feindbild zu justieren. Der Schriftsteller und Schöpfer des Sherlock Holmes, Arthur Conan Doyle, wird mit einer klassischen Variante dieser Doktrin zitiert: „Wir kämpfen für das starke, tiefe Deutschland der Vergangenheit, das Deutschland der Musik und der Philosophie, gegen das jetzige monströse Deutschland von Blut und Eisen. Für die Deutschen, die nicht der regierenden Klasse angehören, wird unser Sieg dauernde Erlösung bringen."[20] Doyle verspricht analog Sombart die Rettung der deutschen Kultur, nur nicht gegen, sondern durch England. Deutlicher formuliert es in der Times vom 18.9.1914 ein Manifest von gut fünfzig der namhaftesten britischen Schriftsteller:

> „Manche von uns haben viele Freunde in Deutschland, manche von uns blicken auf die germanische Kultur mit der höchsten Achtung und Dankbarkeit; aber wir können nicht zulassen, daß irgend ein Volk das Recht haben soll, mit brutaler Gewalt seine Kultur anderen Völkern aufzudrängen, noch daß die Militär-Bürokratie Preußens eine höhere Form der menschlichen Gesellschaft darstellt als die übrigen Konstitutionen Westeuropas."[21]

Derartige Formeln von der „höheren Form der menschlichen Gesellschaft" stacheln die deutschen Intellektuellen erst recht zum „Kulturkrieg" an. Ihr Be-

---

17 Kellermann, Der Krieg (s. Anm. 6), 83.
18 A.a.O., 379.
19 Dazu ausführlich: Peter Hoeres, Krieg der Philosophen. Die deutsche und die britische Philosophie im Ersten Weltkrieg, Paderborn 2004.
20 Kellermann, Der Krieg (s. Anm. 6), 368.
21 A.a.O., 400.

mühen, im neutralen Ausland die Deutungshoheit zu gewinnen, ist allerdings vergebens.[22]

Militärisch war der Krieg unerwartet rasch festgefahren, und kluge Politiker hätten bei nüchterner Betrachtung Weihnachten 1914 auf Friedensschluss sinnen müssen. Stattdessen setzten sich die Militärs mit ihrer Sicht durch, die unvorstellbaren Verluste der ersten Monate könnten nur durch umso größere Kriegsanstrengungen wettgemacht werden.[23] Ganz genau so verhalten sich die Intellektuellen. Nur eine Minderheit wird sich für einen verständigungsbereiten Friedensschluss aussprechen, wie aus ökonomischen Erwägungen heraus ab Sommer 1916 Max Weber. Die Mehrheit verschärft die Argumente. Der Philosoph Max Scheler schreibt ein ganzes Buch zum „Genius des Krieges", um mit den deutschen „Kriegern" die englischen „Räuber" aus der europäischen Kultur zu vertreiben. Schelers „Los von England" wird zu einer anschlussfähigen geschichtsphilosophischen Parole.[24]

Im Verlauf des Jahres 1916 werden die Auswirkungen des „totalen Krieges" in allen Lebensbereichen immer spürbarer. Und es ändert sich der intellektuelle Diskurs. Die Argumente werden politisch konkreter und theoretisch ausgefeilter. Sie richten sich differenzierter auf die staatlichen und gesellschaftlichen Ordnungen, für die man kämpfe. Welche politische Ordnung wird dem menschlichen Grundbedürfnis der ‚Freiheit' besser gerecht, die westlichen Demokratien oder die Staatsidee einer spezifischen „deutschen Freiheit"? Immer intensiver kreisen jetzt die Kriegsschriften um diese Frage.

Hier lässt sich die These Herfried Münklers in der Tat variieren. Die Deutschen mussten ihre Kriegsziele nicht erst erfinden. Was aber für die deutschen Intellektuellen schwieriger war als für Engländer oder Franzosen: Sie hatten eine größere und gegensätzlichere Wahl an politischen Ordnungsmodellen. Das Spektrum reichte vom demokratischem Volksstaat, für den etwa Hugo Preuß plädierte, bis zu Modellen einer führerzentrierten Volksgemeinschaft, worauf die „Ideen von 1914" letztlich zuliefen.[25] Die alliierten Kriegsgegner sahen allerdings hinter der deutschen Kulturdebatte im Wesentlichen nur das autoritäre Preußen.

---

22 Vgl. FRANK TROMMLER, Kulturmacht ohne Kompass. Deutsche auswärtige Kulturbeziehungen im 20. Jahrhundert, Köln 2014.

23 Hierzu: MÜNKLER, Der Große Krieg (s. Anm. 7), 292–294.

24 MAX SCHELER, Der Genius des Krieges und der deutsche Krieg, in: Politisch-Pädagogische Schriften, hrsg. von MANFRED S. FRINGS, Bern 1982, 30; vgl. auch KURT FLASCH, Die geistige Mobilmachung. Die deutschen Intellektuellen und der Erste Weltkrieg. Ein Versuch, Berlin 2000, 103–146.

25 Vgl. STEFFEN BRUENDEL, Volksgemeinschaft oder Volksstaat. Die „Ideen von 1914" und die Neuordnung Deutschlands im Ersten Weltkrieg, Berlin 2003.

II.

Ein gutes Beispiel für das Feindbild vom autoritären Preußen-Deutschland liefert James Bryce, der liberale Historiker, Politikwissenschaftler und ehemalige britische Botschafter in den USA, eigentlich ein Freund der deutschen Kultur. Bryce forciert den „intellectual war", nachdem er als Vorsitzender einer Untersuchungskommission im Mai 1915 den Bryce Report über die deutsche Kriegsführung in Belgien vorgelegt hatte.[26] In seiner Einführung zu öffentlichen Vorlesungen über die „Internationale Krise" an der Universität von London im Februar 1916 gibt Bryce der Deutschen Staatstheorie letztlich die Schuld am Krieg: „It is, more than anything else, the German theory of the State – the doctrine of the omnipotence of the state, of its right to absorb and override the individual, to prevail against morality (...) it is this deadly theory which is at the bottom of the German aggression." Für Bryce, dessen Schriften in deutschen Gelehrtenkreisen viel gelesen wurden, ist es deshalb notwendig, einen Kulturkrieg gegen diese deutsche Staatstheorie zu führen: „As we are fully determined to resist that aggression, so we ought to conduct, both, here and abroad, an intellectual war against that theory."[27] „Intellectual war" meint hier nichts anderes als das, was auf deutscher Seite als „Kulturkrieg" angesprochen wird.

Wer sich mit dem Phänomen des „Kulturkrieges" beschäftigt, muss sich mit Ernst Troeltsch auseinandersetzen, deshalb habe ich ihn zu Beginn bereits genannt. Der Berliner Kultur- und Religionsphilosoph ist der Schöpfer des Begriffs „Kulturkrieg". Er verwendet ihn allerdings in einem ganz spezifischen Sinn. Troeltsch ist ein belesener Experte für die europäische Ideengeschichte und beobachtet besonders aufmerksam die internationale Mobilisierung der Gelehrten und Intellektuellen. In den ersten beiden Kriegsjahren verstärkt sich sein Eindruck, besonders in England werde im Namen der „Demokratie" ein „Kulturkrieg" gegen Deutschland geführt. Und dagegen müssten sich die deutschen Intellektuellen wehren und ihr eigenes Staatsdenken verteidigen. Die Rede, in der er diese These entwickelt, ist überschrieben „Die Ideen von 1914". Er klinkt sich damit ein in die leidenschaftliche Debatte, was den „Ideen von 1789" als politische Ordnungsideen wirkungsvoll entgegenzusetzen sei. Natürlich weiß Troeltsch, dass der Krieg primär ein Macht-Krieg ist: „Dieser Krieg ist in erster Linie alles andere eher als ein Krieg des Geistes und der Kulturgegensätze (...). Er ist das Ergebnis der imperialistischen Weltspannung, die aus der Verteilung des Planeten unter wenige Großmächte und aus dem

---

26 Vgl. PIPER, Nacht über Europa (s. Anm. 11), 183–187.

27 JAMES BRYCE, Opening Address, in: The International Crisis: The Theory of the State. Lectures delivered in February and March 1916 by LOUISE CREIGHTON u.a., Oxford 1916, 1–8, Zitate 2f.

Bedürfnis der Niederhaltung des deutschen Wettbewerbes hervorgegangen ist."[28] Aber, so Troeltsch weiter: „Was ein imperialistischer Machtkrieg war, wurde (...) zu einem Krieg des Geistes und Charakters."[29]

Troeltsch greift die „Lehre von den zwei Deutschland" auf, wendet sie aber gegen England selbst: „Wie England gegen uns die Lehre von den zwei Deutschland ausgespielt hat, so können wir mit sehr viel mehr Recht gegen es die Lehre von den zweierlei England ausspielen", schreibt er in seinem Essay „Über einige Eigentümlichkeiten der angelsächsischen Zivilisation".[30] Die zwei England, das sind für ihn die „christlich-liberal-moralisierende Lebenshaltung auf der einen Seite", verbunden mit „einem völlig unbedenklichen Macht- und Herrensinn auf der anderen."[31]

Wenn aber den Deutschen von den englischen wie auch den französischen Gelehrten und Schriftstellern mit ihrer „Zwei-Deutschland-Lehre" ein „Kulturkrieg" aufgezwungen werde, dann müsse die deutsche Öffentlichkeit für die „Ideen von 1914" gewonnen und gegen die „westliche Demokratie" für die „deutsche Idee von der Freiheit" mobilisiert werden. Was Troeltsch hier vorexerziert, ist ein Umpolen von globalen politischen Ordnungsbegriffen der Vorkriegszeit wie „Demokratie" zu nunmehr nationalkulturellen Kampfbegriffen. Dabei gerät der Begriff vom „Westen", der erst im Krieg Karriere macht, in Deutschland konsequent zum Feindbegriff. Im zweiten Kriegsjahr erklärt Troeltsch die „deutsche Freiheit" zum kulturellen Kriegsziel, um der englischen „Weltkontrolle" einen deutschen Eigenweg in die Moderne entgegenzusetzen.

Die Argumente sind bei aller Kulturkriegsrhetorik bedenkenswert. Denn anders als Max Scheler, Thomas Mann und alle Anhänger einer metaphysischen Unterscheidung von „tiefer Kultur" und „flacher Zivilisation" denkt Troeltsch in Kategorien konkreter ökonomischer oder ideeller Transfers und Verflechtungen in Europa. „Seit der Durchsetzung der bürgerlichen kapitalistischen Entwicklung auch in Deutschland, sind die westlichen Freiheitsideen, bald mehr in englischer, bald mehr in französischer Prägung, auch bei uns eine Macht geworden", so wertet er

---

28 ERNST TROELTSCH, Die Ideen von 1914, in: Die neue Rundschau 27 (1916), 605–624, gekürzter Abdruck in: Deutscher Geist und Westeuropa, Tübingen 1925, 31–58, im Folgenden wird nach der vollständigen Wiedergabe in der Neuen Rundschau zitiert, hier 605. Die Ansprache des Krieges als „Kulturkrieg" findet sich a.a.O., 607.

29 A.a.O., 606–607.

30 ERNST TROELTSCH, Über einige Eigentümlichkeiten der angelsächsischen Zivilisation, in: Die neue Rundschau 28 (1917, Februarheft), 230–250, Zitat 247.

31 A.a.O., 247.

diese neuzeitliche Entwicklung positiv als gesamteuropäisches Phänomen[32] und hält längst eine Reform der autoritären Verfassung des Kaiserreichs, eine Transformation „vom Obrigkeits- zum Volksstaate, vom Klassenstaat zur gegenseitigen Gleichberechtigung, vom Herrschaftsstaat zum Gemeinwesen" für erforderlich.[33] Scharf entgegenzutreten sei aber dem britischen Kriegsziel einer „demokratischen Welterlösung". Die deutsche Kriegsgesellschaft müsse ihren eigenen Reformweg zum demokratisierten „Volksstaat" finden. Die „französischen und englischen Freiheitsideen" seien von universaler Bedeutung, aber

„in dem eigentlichen Grundstock der deutschen Entwickelung, in den Institutionen, die sich auf den Freiherrn vom Stein, Scharnhorst oder Boyen zurückführen, und in der philosophisch-idealistischen Deutung von Staat und Geschichte, wie sie von Kant, Fichte und Hegel bis zu den heutigen Idealisten sich hinzieht, haben diese Ideen doch eine gründliche Umwandlung erfahren. Die Freiheit ist auch hier das Stichwort, aber die Freiheit hat einen eigenen Sinn, der von der deutschen Geschichte und dem deutschen Geiste her bestimmt ist."[34]

In Friedenszeiten ließe sich an Troeltschs Unterscheidung eine fruchtbare Debatte um Vergleich und Verflechtung europäischer Modernisierungspfade anknüpfen, aber es herrschen Vernichtungskrieg und „Kulturkrieg", und Troeltsch spitzt seine These agonal zu: „Niemand wird leugnen können, daß in diesem Zusammenhang eine Weltmission der deutschen Freiheit ein sehr wohlberechtigter Gedanke ist."[35]

Nicht der „deutsche Geist", das deutsche Militär eröffnete am 1. Februar 1917 erneut den U-Boot-Krieg. Die Konsequenzen waren kriegsentscheidend. In Washington hielt am 2. April Woodrow Wilson die vielleicht berühmteste seiner Reden, als er den amerikanischen Kongress um Zustimmung für den Kriegseintritt bat. „Demokratie" ist das Schlüsselwort: „We shall fight for the things which we have always carried nearest our hearts, – for democracy (...) for a universal dominion of right by such a concert of free peoples as shall bring peace and safety to all nations and make the world at last free."[36]

---

32 Ernst Troeltsch, Die deutsche Idee von der Freiheit, in: Ernst Troeltsch, Deutsche Zukunft, Berlin 1916, 7–60, Zitat 15.

33 A.a.O., 21.

34 A.a.O., 39.

35 A.a.O., 54.

36 Woodrow Wilson, Necessity of War against Germany, in: Woodrow Wilson, Selected Addresses and public Papers of Woodrow Wilson, hrsg. und mit einer Einleitung versehen von Albert Bushnell Hart, Honolulu, Hawaii 2002, 188–197, Zitat 197.

Die „Weltmission der deutschen Freiheit" ist endgültig gescheitert. Aber die liberalen Gelehrten um Troeltsch fühlen sich herausgefordert, sie in Reaktion auf Amerikas Kriegseintritt noch einmal öffentlich zu verteidigen. Schon im Mai organisieren sie eine Serie von fünf Vorträgen in Berlin. Der Theologe Adolf von Harnack spricht sehr emotional über „Wilsons Botschaft und die Deutsche Freiheit". Der Ökonom Max Sering vergleicht die Westmächte und Deutschland in ihren Staatsverfassungen. Otto Hintze spricht über Imperialismus und Troeltsch selbst über den „Ansturm der westlichen Demokratie".[37] Noch im Sommer 1917 erscheinen die Vorträge als Buch unter dem Titel „Die deutsche Freiheit", herausgegeben vom „Bund deutscher Gelehrter und Künstler". Ziel dieses 1914 gegründeten Bundes war es, in Verbindung mit dem „Werkbund" wie mit dem „Verein für deutsche Kultur im Ausland", zwischen staatlichen Behörden und Intellektuellen zu vermitteln und die „organisierte Verleumdung unserer deutschen Kultur" zu bekämpfen.[38]

Die „deutsche Freiheit" erscheint im Sommer 1917, aber dieser Sommer mit dem Sturz von Reichskanzler Bethmann Hollweg muss nicht nur für die innenpolitische Entwicklung, sondern auch für die Orientierung der Kulturkämpfer als großer Einschnitt betrachtet werden. Liberale Intellektuelle wie Troeltsch beginnen zu zweifeln, ob ihre Theorie vom deutschen Weg in die Moderne mit Idealismus und Militarismus, mit sozialem Königtum und harmonischer Volksgemeinschaft, wirklich stimmt und eine überlegene Alternative zum parlamentarischen Parteienstaat in einer pluralisierten Gesellschaft bietet. Denn sie beobachten, wie die militärische Führung immer diktatorischer regiert, wie der Kaiser wichtige innenpolitische Reformen verweigert, und wie die nationalistischen Verbände immer aggressiver nach einem „Siegfrieden" mit „Annexionen und Kontributionen" rufen. Ihre eigenen Hoffnungen auf einen klugen und raschen „Verständigungsfrieden" sehen sie auf diese Weise zunichte gemacht. Im Sommer 1917 beginnt der „Kulturkrieg", sich offen und aggressiv nach innen zu richten und die deutsche Kriegsgesellschaft zu polarisieren.

---

37 ERNST TROELTSCH, Der Ansturm der westlichen Demokratie, in: Die Deutsche Freiheit. Fünf Vorträge, hrsg. vom Bund deutscher Gelehrter und Künstler, Gotha 1917, 79–113.
38 Vgl. CLAUDIA KEMPER, Das „Gewissen" 1919–1925. Kommunikation und Vernetzung der Jungkonservativen, München 2011, 114–116.

III.

Schon im Sommer 1916 ließen sich die Kontroversen um die Kriegsziele und um Wege zum Frieden nicht länger unter dem Siegel des Burgfriedens verhindern. Die deutsche Reichsleitung fürchtete, ihren Kurs der gemäßigten Ziele eines Verständigungsfriedens gegenüber den Annexionisten nicht halten zu können. In der Presseabteilung des Auswärtigen Amtes wurde ein Deutscher National-Ausschuss in der Absicht gebildet, mit Rednern aus den führenden akademischen Kreisen eine neue nationale Sammlungsbewegung zu starten. Am 1.8.1916 fanden gleichzeitig in 39 Städten Kundgebungen unter dem gemeinsamen Thema *An der Schwelle des dritten Kriegsjahres* statt. Es war ein intellektueller Großeinsatz, um Bethmann Hollwegs Politik zu stützen. In Berlin, in der Philharmonie, sprach Adolf von Harnack.[39]

Ein Vortrag fällt aus dem Rahmen. In Nürnberg spricht Max Weber und denkt nicht daran, die gängige Siegeszuversicht zu verbreiten. Die „Ideen von 1914" mit dem Sonderweg einer antiwestlichen „deutschen Freiheit" hält er für realitätsfremdes Literatengeschwätz. Es sei an der Zeit, über den Krieg hinaus zu denken und die „Ideen von 1917" auszurufen.[40] Denn die kommende Friedenszeit werde gewaltige Wiederaufbauprobleme bringen, aber dafür sei die Nation mit ihrer autokratischen Staatsspitze und ihrem politisch „feigen" Bürgertum nicht gerüstet.

Ab dem Frühjahr 1917 ist Weber in der Öffentlichkeit mit Forderungen einer radikalen Neuordnung nach dem Krieg präsent. Seine „Ideen von 1917" konzentrieren sich erst einmal auf zwei konkrete Punkte, auf ein demokratisches Wahlrecht in Preußen und auf die Parlamentarisierung des Reiches. Mit seinen Massenheeren führe der industrielle Vernichtungskrieg unwiderruflich zu einer Demokratisierung der Gesellschaft. Das Gebot der Stunde sei zwingend die Einführung des Allgemeinen Wahlrechts, und ein Wahlrechtsnotgesetz des Reiches habe die preußische Dreiklassenwahl abzuschaffen. Die „ganze Masse der jetzt draußen liegenden Krieger" muss ein gleiches Stimmrecht erhalten, es darf keine Privilegien für „die reichgewordenen Kriegsparvenüs" geben.[41]

Der zweite Aspekt ist komplexer und betrifft die legitimen politischen Ordnungen unter den Bedingungen kapitalistischer Konfliktgesellschaften, ein Paradefeld für intellektuellen Streit. Symptomatisch sind die Kulturtagungen auf Burg Lauenstein an der bayerisch-thüringischen Grenze, besonders die erste vom Mai

---

39 Vgl. Adolf von Harnack, An der Schwelle des dritten Kriegsjahres, Berlin 1916.

40 Max Weber, Zur Politik im Weltkrieg. Schriften und Reden 1914–1918, hrsg. von Wolfgang J. Mommsen in Zusammenarbeit mit Gangolf Hübinger, MWG I/15, Tübingen 1984, 660.

41 Ein Wahlrechtsnotgesetz des Reichs (März 1917), in: MWG I/15, 219.

1917.[42] Dorthin hatte der Jenaer Verleger Eugen Diederichs ca. 80 führende Künstler und Gelehrte aus allen Generationen und ideenpolitischen Lagern eingeladen, um frei und ohne Zensur über die Bedeutung des Krieges für die künftige Kulturentwicklung zu debattieren. Auch hier ist Max Weber das enfant terrible. Während die Mehrheit die „Ideen von 1914" beleben will, – sei es im Namen Fichtes als kraftvoller preußischer Staatssozialismus, sei es im Dienst einer „neuen deutschen Religion, in einer Art klösterlicher Gemeinschaft der Heiligen deutscher Gesinnung den Quell der Erlösung" – hält das vom Kunstwart-Redakteur und Mitorganisator Wolfgang Schumann verfasste Protokoll für Max Weber fest: „Nach Weber sind wir auf absehbare Zeit der Mechanisierung verfallen, die sich in einer starken Bürokratie einerseits, in einem wildwachsenden Kapitalismus andererseits offenbart." Die Bürger dürfen sich nicht in romantische oder revolutionäre Utopien flüchten. Sie müssen ihre „Kraft vielmehr aus den nüchternen Tatsachen des Tages ziehen: die bösen Hunde der materiellen Interessengruppen müßten aufeinandergehetzt werden; der Kampfplatz sei das Parlament".[43]

Lauenstein gibt sehr plastisch die intellektuelle Topographie des letzten Kriegsjahres zu erkennen. Was eine neue Ära nach dem Krieg einläuten sollte, endete, wie das Protokoll treffend resümiert, in einer „außerordentlichen Zerrissenheit der Auffassungen in einzelnen geistigen Strömungen Deutschlands". Mystischer Erlebniskult steht gegen asketischen Rationalismus, extremer Nationalismus gegen anarchistischen Pazifismus, antiparlamentarischer Staatssozialismus gegen demokratischen Wertepluralismus. Lauenstein markiert einen tiefen Einschnitt in der deutschen Intellektuellengeschichte. Ein ganz anderer „Kulturkrieg" kommt zum Vorschein als der, den Troeltsch zu Beginn des Krieges vor Augen hatte. Burg Lauenstein ist bereits ein Probelauf für die Ideenkämpfe, welche die deutsche Gesellschaft zwischen den beiden Weltkriegen so nachhaltig polarisieren werden.

Ab Herbst 1917 findet diese Polarisierung ihre sozialen Organisationsformen. Auf der einen Seite erhebt die im September 1917 gegründete „Deutsche Vaterlandspartei" maximalistische Annexionsforderungen nach der Devise, je höher der Blutzoll, desto ausgreifender die Kriegsziele, und avanciert mit über einer Million Mitgliedern zu einer Massenbewegung der extremen Rechten. Theologen wie Reinhold Seeberg werben wortgewandt für diese Ziele. Einen Monat nach dem deutschen Diktatfrieden von Brest-Litowsk befindet er in seiner Eröff-

---

42 PIPER, Nacht über Europa (s. Anm. 11), 427f.

43 Vgl. GANGOLF HÜBINGER, Eugen Diederichs' Bemühungen um die Grundlegung einer neuen Geisteskultur (mit Anhang: Protokoll der Lauensteiner Kulturtagung von Pfingsten 1917), in: WOLFGANG J. MOMMSEN (Hrsg.), Kultur und Krieg: Die Rolle der Intellektuellen, Künstler und Schriftsteller im Ersten Weltkrieg, München 1996, 259–272.

nungsansprache auf der Kirchlich-sozialen Konferenz in Dresden im April 1918: „Der Heldenmut unserer Brüder und Schwestern hat uns den Frieden im Osten erworben (der Diktatfrieden von Brest-Litowsk einen Monat zuvor, G. H.) und ist daran, uns auch im Westen den Sieg, der die Vorbedingung eines deutschen Friedens ist, zu erringen."[44] Einen Gegenpol bildet der im Dezember 1917 gegründete „Volksbund für Freiheit und Vaterland" in einer Verbindung aus Gewerkschaften mit linksbürgerlichen Gelehrten und Politikern. Der Volksbund mit Ernst Troeltsch im Vorstand drängt verstärkt auf einen raschen Verständigungsfrieden, flankiert von einer echten Reform der Reichsverfassung.

„Faszination und Schrecken" finden in diesen Bewegungen zusammen, und der Riss geht mitten durch das universitäre Berlin. Zu lange waren die Verfechter maximaler Annexionen und Reparationen wie Seeberg, aber auch die Historiker Eduard Meyer, Georg von Below und Dietrich Schäfer, fasziniert von einem glanzvollen deutschen Sieg, um im Herbst 1918 für die Schrecken der Niederlage die entsprechenden Worte zu finden. Hier mühten sich die gemäßigten Reformer, neben Troeltsch etwa die Historiker Hans Delbrück, Friedrich Meinecke oder Otto Hintze, der Niederlage und ihren Folgen eine intellektuelle Sprache zu verleihen. Als christlicher Intellektueller und in einer liberalen Werthaltung hat dann niemand die Krisendynamik von Kriegsniederlage, Revolution, Bürgerkrieg und staatlicher Neuordnung Deutschlands so engagiert beobachtet und scharfsichtig kommentiert wie Ernst Troeltsch mit seinen „Spectator-Briefen" zwischen 1919 und 1922. Aber diese Intervention in die Ideenkämpfe der Nachkriegszeit gehört bereits zu einem neuen „Kulturkrieg".[45]

Abstract

Im Ersten Weltkrieg betätigten sich die Intellektuellen von Beginn an als „Kämpfer mit der Feder". Der Beitrag widmet sich der Frage, auf welche Weise führende Gelehrte im Deutschen Reich, aber auch in Frankreich und England, ihre Autorität in die Waagschale werfen, um den Krieg als einen „Kulturkrieg" zu rechtfertigen, den Feind zu diskriminieren und die eigene Nation zu mobilisieren.

---

44 Reinhold Seebergs Rede ist abgedruckt in: Der Geisteskampf der Gegenwart, Jg. 54 (1918), 107f., hier zitiert nach: Günter Brakelmann, Protestantische Kriegstheologie im Ersten Weltkrieg. Reinhold Seeberg als Theologe des deutschen Imperialismus, Bielefeld 1974, 14.

45 Ernst Troeltsch, Spectator-Briefe und Berliner Briefe (1919–1922), in: Ernst Troeltsch, Kritische Gesamtausgabe, Bd. 14, hrsg. von Gangolf Hübinger in Zusammenarbeit mit Nikolai Wehrs, Berlin 2015.

Für die deutschen Gelehrten-Intellektuellen werden drei charakteristische Phasen unterschieden. Zu Kriegsbeginn verbreiteten sie große Zuversicht, die deutsche Kultur vom britischen Kapitalismus und von der russischen Despotie zu befreien. Später kämpften sie im Namen der „Ideen von 1914" für die politische Ordnung einer „deutschen Freiheit" gegen den „Ansturm der westlichen Demokratie". Nach dem amerikanischen Kriegseintritt im April 1917 verlagerten sich die Ideenkämpfe immer mehr nach innen und richteten sich auf die politische, soziale und kulturelle Neuordnung Deutschlands nach dem Krieg.

Since the beginning of World War I intellectuals acted as "fighters with the pen". The article focuses on the question how leading intellectuals in the German Empire, but also in France and in England, deploy their authority in order to legitimate the War as a "Culture War", discriminate against the enemy and mobilize the nation.

Three characteristic phases can be distinguished concerning German academic intellectuals. At the beginning of the War, they spread ample confidence to liberate the German culture from British capitalism and Russian despotism. Later, they fought in the name of "the ideas of 1914" for a political order of "German freedom" against "the inrush of Western democracy". After the American entry into the war in April 1917, the intellectual fighting increasingly shifted towards the inside and focused on the political, social and cultural rearrangement of Post-War-Germany.

„Meine Kunst kriegt hier zu fressen"

Wie deutsche Künstler den Krieg verarbeiteten

Uwe M. *Schneede*

Die jungen bildenden Künstler, über die wir hier sprechen und die in den Jahren unmittelbar vor dem Ersten Weltkrieg in die Kunstgeschichte eintraten, gelten als bahnbrechende Individualisten und als die Avantgardisten schlechthin. Getragen wurden sie bereits von einigen aufgeschlossenen Kunstkritikern, von experimentierfreudigen Kunsthändlern wie von sehr aktiven Förderern und Sammlern. Gerade in diesen Jahren hatten sich die Avantgarden gegen viele Widerstände punktuell einen förderlichen Kunstbetrieb geschaffen.

Von einem Tag auf den anderen aber steckten die jungen Künstler, ob freiwillig oder unfreiwillig, statt in Malerkitteln gleichermaßen in Uniformen. Soldaten waren sie wie alle anderen auch. Sie vertauschten, wie Franz Marc es formulierte, „den Pinsel mit der Kanone"[1].

Das bedeutete international das Ende der Avantgardegruppen. Die Künstler waren verstreut an den Fronten oder hinter den Fronten. Und statt wie bisher gruppenweise künstlerische Strategien zu erdenken, stritten sie nun über den Krieg. Ein Künstler wie Franz Marc fand, die alte Welt sei verlogen, eitel, frivol, der Krieg müsse um der „Reinigung" willen geführt werden; „das kranke Blut" gehöre „vergossen".[2] Als er im Oktober 1914 an Wassily Kandinsky, den engen Freund aus der Münchner Künstlergruppe *Der Blaue Reiter*, schrieb, er sehe im Krieg, in dem er nun stehe, „den heilsamen wenn auch grausamen Durchgang zu unsern Zielen"[3], antwortete ihm der (als „feindlicher Ausländer" zunächst in die Schweiz) vertriebene Kandinsky knapp, voller Unverständnis: „Der Preis dieser Art Säuberung ist entsetzlich."[4] Doch Marc ließ nicht locker: „Mein Herz ist dem Krieg nicht böse,

---

1   Unveröffentlichter Brief von Franz Marc an Bernhard Koehler (August 1914), Germanisches Nationalmuseum Nürnberg (GNM), Deutsches Kunstarchiv, Nachlass Franz Marc (Abschrift).

2   FRANZ MARC, Das geheime Europa (November 1914), in: FRANZ MARC, Briefe, Schriften und Aufzeichnungen, hrsg. von GÜNTER MEISSNER, Leipzig 1989, 270.

3   Marc an Kandinsky, 24.10.1914, in: WASSILY KANDINSKY/FRANZ MARC, Briefwechsel, hrsg. von KLAUS LANKHEIT, Zürich 1983, 263.

4   Kandinsky an Marc, 8.11.1914, in: a.a.O., 265.

sondern aus tiefem Herzen dankbar [...], das alte Europa konnte nur so gereinigt werden."[5]

Zwei enge Freunde – und zwei völlig konträre Haltungen zum Krieg. Auch der Freund Paul Klee betrachtete Marc jetzt mit einiger Skepsis, ja, den äußeren Ausdruck der Haltung, die Unteroffiziersuniform „mit Portepeesäbel" des militärisch Karriere machenden Marc, „das verdammte Habit", begann Klee „nun richtig zu hassen"[6]. Marc seinerseits beklagte, der Malerfreund Heinrich Campendonk habe sich mit Hilfe eines Hungerstreiks dem Militärdienst entzogen. Unteroffizier Marc: „Gottlob sind solche Typen eine Ausnahme!"[7] So zerbrachen Künstlerfreundschaften und zerbarsten gemeinsame Ideale.

Sie waren also Soldaten wie alle anderen auch. Aber sie verfügten anders als alle anderen über die Fähigkeit, ihren völlig neuen Erfahrungen außerhalb des schützenden Ateliers, Erfahrungen in der massenhaft todbringenden Wirklichkeit, je individuell bildnerisch Ausdruck zu verleihen und diese Erfahrungen so zu verarbeiten, womöglich exemplarisch zu verarbeiten.

Ich möchte Ihnen Werke von fünf Künstlern mit unterschiedlichen Kriegsschicksalen vor Augen führen, fünf Künstlern, die in ihrem Werk auf ebenso unterschiedliche Weise auf das Erfahrene reagierten. Ich gehe monographisch vor, weil ich die individuellen Reaktionen im Rahmen der jeweils eigenen künstlerischen Absichten in ihrer Spannbreite herausarbeiten möchte.

Es sind dies: Wilhelm Morgner, Max Beckmann, Otto Dix, E. L. Kirchner und Paul Klee.

Dabei geht es mir keineswegs allein um Kriegsmotive und schon gar nicht um Bildberichte, es geht mir um die tieferen Auswirkungen des Kriegs auf das Werk, auch um mittelbare Auswirkungen. In den Arbeiten dieser Künstler nämlich vollzogen sich fundamentale inhaltliche und stilistische Veränderungen. Die Auswirkungen betrafen die Ikonographie, das Menschenbild und die Bildmittel – die Bildmittel vor allem deshalb, weil die Schrecken nicht mehr mit den herkömmlichen Darstellungsweisen zu erfassen waren.

5   Marc an Kandinsky, 16.11.1914, in: a.a.O., 267.

6   PAUL KLEE, Tagebuch 1915 (Nr. 962), in: PAUL KLEE, Tagebücher 1898–1918, hrsg. von der Paul-Klee-Stiftung Kunstmuseum Bern, Stuttgart/Teufen 1988, 372.

7   Marc an Albert Bloch. 22.11.1914, in: ANNEGRET HOBERG/HENRY ADAMS (Hrsg.), Albert Bloch. Ein amerikanischer Blauer Reiter, Ausst.-Kat. Städtische Galerie im Lenbachhaus, München 1997, 166.

Wilhelm Morgner

Abb. 1 Morgner in Pommern, 1915.

Ich beginne mit einem weniger bekannten Maler. Wilhelm Morgner wurde nach dem Abitur Einjährig-Freiwilliger, ab August 1914 war er an der Westfront, wurde verletzt, war dann mit Unterbrechungen als Unteroffizier an der Ostfront eingesetzt, 1916/17 in Bulgarien und Serbien mit dem Auftrag, Kriegsgräber zeichnerisch zu dokumentieren, schließlich wieder an der Westfront. Im August 1917 fiel er bei Langemarck.

Was Morgner offenbar zunächst stark faszinierte, war die fremde Welt, in die er unversehens versetzt wurde: „Wenn ich auch keine Kriegsbilder male, so lerne ich doch mehr wie sonst in 3 Jahren".[8] Die Ausflüge ins abenteuerlich Exotische regten ihn zum Zeichnen an. Dabei entwickelte er eine eigene Zeichnungssprache durch den intensiven Einsatz von Parallelschraffuren. Aus Belgrad schrieb er: „Es ist hier ganz ausgezeichnet schön. So farbig. Auch die Bauern, Zigeuner usw. sind ganz fabelhaft farbig angezogen. Man kann sich in Deutschland gar keinen Begriff davon machen."[9] Oder aus Polen: „Donnerwetter sind da malerische Juden, Polen und Littauer und weiß Gott was für Völker noch."[10] Da draußen also das große Erlebnis der

---

8   Wilhelm Morgner an Georg Tappert, 13.9.1915, in: WILHELM MORGNER, Briefe und Zeichnungen, hrsg. von CHRISTINE KNUPP-UHLENHAUT, Soest 1984, 145.
9   Morgner an die Mutter, 22.6.1916, in: a.a.O., 180.
10 Morgner an Tappert, 1915, in: a.a.O., 146.

Menschenvielfalt – aus der Perspektive weniger eines Kriegers als eines abenteuer-
lustigen Vagabunden, den der Krieg unerwartet in aufregend erscheinende fremde
Kulturen verschlug.

Neben solchen neugierigen Aufzeichnungen finden sich auch ganz andere Blätter, Blätter, in denen die Phantasmagorie, das Ungeheuerliche, das Grauen vorherr-
schen, in mythisch anmutenden oder auch in religiösen Szenen.

Abb. 2 Morgner, Das Ungeheuer, 1915.

Und dann heißt es bei Morgner plötzlich, er „habe keinen Gefallen mehr an dem
ganzen Schwindel", es sei ihm gleich, ob er beim Militär noch etwas werde: „Leben-
dig bleiben will ich."[11]

Charakteristisch ist dieser Gesinnungswandel von der anfänglichen Faszination
– wenn in diesem Fall auch nicht für das Kriegsgeschehen und das Töten, sondern
für die ethnischen Besonderheiten der Anderen –, charakteristisch ist dieser Wandel zu blankem Überlebenswillen. Solcher Wandel ist noch entschieden stärker
ausgeprägt bei Künstlern, die an der Front oder nahe der Front den ganzen Schrecken des Kriegs erleben mussten.

---

11 Morgner an die Mutter, 6.1.1916, in: KATRIN WINTER u.a. (Hrsg.), Ich und die anderen. Wilhelm
Morgner. Zeichnungen des Expressionismus, Ausst.-Kat. Westfälisches Museumsamt, Münster
2005, 135.

Max Beckmann

Abb. 3 Max Beckmann als
Krankenpfleger in Ypern, 1915.

Bis 1914 – er war 30 Jahre alt – hatte Max Beckmann bereits beträchtliche Erfolge. Er
war umstritten, galt aber als große Hoffnung in der Generation nach Liebermann.
Er ging als freiwilliger Krankenpfleger nach Ostpreußen, war dann ab Anfang 1915
in Belgien eingesetzt – nicht an der Front, sondern hinter der Front, erlitt Mitte
1915 einen Zusammenbruch und wurde beurlaubt, war also weniger als ein Jahr
im Krieg.

Vor 1914 war Beckmann oft vorgeworfen worden, seinen großformatigen Histo-
rienbildern fehle die Berührung mit der Wirklichkeit – das Leben. Nun meinte er,
die Qualen auf sich nehmen zu müssen, um an den extremsten und schrecklichsten
menschlichen Handlungen Material für seine Obsession, die Kunst, zu sammeln,
für die er sich zum Ziel gesetzt hatte, dass sie dem Gemeinen und dem Großen,
den Schrecken und den Abgründen bis in die Extreme nachgehen solle. Er mache,
schrieb er, „diese Angelegenheit" schließlich nicht als Historiker mit, sondern als
Künstler, der sich in alle Erscheinungsformen des Lebens einfühle. Wie er sonst
„der Angst, der Krankheit und der Wollust, Liebe und Hass bis zu ihren äußersten
Grenzen nachgehe", so versuche er es „eben jetzt mit dem Kriege"[12]. Er brauchte
das Erlebnis des Kriegs als Erlebnis des Lebens, denn seine Kunst sollte eine Kunst

---

12 Max Beckmann an Minna Beckmann-Tube, 24.5.1914, in: MAX BECKMANN, Briefe, 1899–1925, Bd. 1, hrsg.
von KLAUS GALLWITZ/UWE M. SCHNEEDE /STEPHAN V. WIESE, München/Zürich 1993, 136–137.

über das Leben und das Sterben werden – deshalb konnte er den wahrhaft zynisch klingenden Satz schreiben: "Meine Kunst kriegt hier zu fressen."[13]

Seinen Zeichnungen aus dieser Zeit merkt man an, wie der Strich vor dem Motiv entglitt, wie das Desorganisierte des Strichs die Bildform beherrscht und wie sich die Erschütterungen unmittelbar in der Handschrift ausdrücken. Ikonographisch ist interessant, dass nun nicht mehr der mündlich, schriftlich oder bildlich übermittelte Schrecken, sondern der selbst erlebte Schrecken zum Bildauslöser wurde. Für diese spezielle, neue Ikonographie mussten eigene Bildmittel erarbeitet werden.

Das unmittelbar nach dem Zusammenbruch in Straßburg entstandene „Selbstbildnis als Krankenpfleger"

Abb. 4 Max Beckmann, Selbstbildnis als Krankenpfleger, 1915.

zeigt einen Neubeginn an: nach dem virtuosen Spätimpressionismus seiner Historienbilder nun die totale Reduktion. Keinerlei Attitüde ist auszumachen, es geht um die nackte Selbsterforschung zwischen Entsetzen und Ungewissheit. Beckmann äußerte später zu diesem Bild: „Das ist noch recht trüb in der Farbe. Ich habe mich sehr damit gequält. Da kommt zum ersten Mal heraus, was ich inzwischen im Krieg erlebt hatte."[14]

Noch 1915 begann Beckmann die Arbeit an einer riesigen Leinwand. Das Gemälde mit dem Titel „Auferstehung", das sich heute in der Staatsgalerie Stuttgart befindet, blieb unvollendet.

---

13 Max Beckmann an Minna Beckmann-Tube, 18.4.1915, in: BECKMANN, Briefe (s. Anm. 12), 118.
14 Beckmann, Gespräch mit Reinhard Piper, zit. nach: MAX BECKMANN, Retrospektive. Katalog der Zeichnungen, Aquarelle und Druckgraphik, hrsg. von CARLA SCHULZ-HOFFMANN/JUDITH WEISS, München 21984, 200.

Abb. 5 Max Beckmann,
Auferstehung, 1916/17.

Wohl auch deshalb wirkt es auf den ersten Blick chaotisch, ungefüge. Es hat jedoch eine Grundstruktur. Auf einer nach rechts aufsteigenden Diagonale erheben sich schwankende Gestalten, die nach rechts in einen Abgrund sinken. Zu beiden Seiten dieses Wegs zwei Hügel, darüber eine schwarze Sonne. Auf dem linken Hügel vermummte, verschreckte, schreiende, verkrampfte Figuren vor einem weiteren dunklen Gestirn. In die Hügel sind rechts und links Unterstände, die wie Logen wirken, eingelassen. Die dort platzierten Figuren sind leicht als Max Beckmann, seine Frau, sein Sohn und deren Freunde zu erkennen. Als reale, zeitgenössische Beobachter bezeugen sie die Phantasmagorie.

Dargestellt ist keine Kriegsszene. Vielmehr handelt es sich um eine Verarbeitung und Übersetzung der traumatischen Erlebnisse. „Auferstehung" heißt das Bild, doch statt Erlösung findet nur ein Untergang statt, apokalyptisch ausgemalt, als der Krieg noch gar nicht entschieden war. Beckmann zog hier die Summe seiner Kriegserfahrungen.

Das akompositorische Experiment war wohl nötig, weil die herkömmlichen Bildmittel nicht ausreichten, um den Schrecken adäquat Ausdruck zu verleihen. Den sichtbaren Zerfall des Bildes kann man auch als Zeichen des Zerfalls der Ordnungen und der Welt deuten – deshalb ist das Werk selbst in der Unvollendetheit ein grandioses künstlerisches Zeugnis für ein zerstörtes Weltbild.

Noch während des Kriegs hat Beckmann in diesem kapitalen Bild den Krieg und seine immensen Folgen über das reale Geschehen hinaus zu transzendieren und zu mythisieren versucht.

Im Hinblick auf das Gesamtwerk lässt sich sagen: Es war ein künstlerischer Neubeginn als unmittelbare Folge der Verstörungen.

Otto Dix

Abb. 6 Otto Dix, Die Schützen des Zuges
390, Feldpostkarte, 13. März 1916.

Otto Dix war ein 23-jähriger Student, als er sich freiwillig meldete. Er kam zur Feldartillerie, wurde hauptsächlich an der französischen Front eingesetzt, war MG-Zugführer und brachte es zum Vizefeldwebel. Als einer der wenigen deutschen Künstler tat er Dienst bis zum Kriegsende.

Während des Militärdienstes, aber noch vor dem Einsatz im Krieg entstanden zwei Selbstbildnisse, das „Selbstbildnis als Schießscheibe" in Form naiver Jahrmarktsmalerei und das „Selbstbildnis als Mars" in futuristischer Manier.

Abb. 7 Otto Dix,
Selbstbildnis als Mars, 1915.

Sie sind Zeugnisse einer schweren Identitätskrise im Angesicht des Kriegs. Das eine Mal ist er das Opfer, das andere Mal – als Kriegsgott – der Täter. Er schwankt zwischen den Rollen und den Stilen. Die Verwirrung und die abgrundtiefe Verunsicherung findet sich in etlichen Selbstporträts dieser Zeit, etwa bei Hans Richter, Heinrich Maria Davringhausen oder Erich Heckel – hier scheint eine spezifische Ikonographie der Verwirrung auf.

Bei Otto Dix findet sich eine ähnliche Motivation, in den Krieg zu gehen, wie bei Max Beckmann. Er suchte die Grenzerfahrungen, den Schrecken und den Tod, um der Kunst willen, um Erfahrungen außerhalb des geschlossenen Ateliers in der Realität zu machen, um in der Kunst lebhaft vom Äußersten des Lebens handeln zu können. Dix hat später geäußert: „Der Krieg war eine scheußliche Sache, aber trotzdem etwas Gewaltiges. Das durfte ich auf keinen Fall versäumen! Man muss den Menschen in diesem entfesselten Zustand gesehen haben, um etwas über den Menschen zu wissen. Vielleicht muss man das direkt mitgemacht haben."[15]

An der Front entstanden zahlreiche farbige Gouachen, in denen das Chaos der Zerstörung und Entfremdung mal als Spektakel mit naiven Zügen wiedergegeben wird, wobei das Abenteuerliche und Spektakuläre der Ereignisse hervorgehoben ist, mal bekunden sich Auflösung und Zerrüttung in Form der expressiven Abstraktion als Folge der Erschütterungen: „Faszination und Schrecken". Die Welt erscheint in Auflösung begriffen. Dix: „Farben & Papier gehörten zum Sturmgepäck. Während die Landser Wache stehen & die Knarre putzten ging ich ins Gelände malen."[16] Und in einem Feldpostbrief vom Dezember 1917 heißt es: „Meine Arbeiten wachsen mir fast über den Hals zusammen."[17] Etwa 500 Zeichnungen und fast 100 Gouachen schuf er während des Krieges an der Front.

Im Unterschied zu Beckmann ging Dix in den 1920er Jahren unablässig an die weitere bildnerische Verarbeitung des Traumas. 1923 entstand der „Schützengraben", ein verschollenes Gemälde in großem Format (230 x 250 cm). Hier wurde der Versuch unternommen, dem Chaos der Vernichtung zusammenfassend beizukommen. Dargestellt ist ein mit Leichen gefüllter Schützengraben, hoch darüber die aufgespießte Leiche eines deutschen Soldaten. Jedes Detail ist aufs Drastischste und penetrant genau ausgemalt: die schrecklichen Versehrungen der Menschen und die fürchterlichen Entstellungen der Körper. Dix hat dazu geäußert: „Ich habe die wahrhaftige Reportage des Krieges gewählt, ich wollte die zerstörte Erde, die

---

15 Otto Dix im Gespräch mit Hans Kinkel, 1961/1967, in: DIETHER SCHMIDT, Otto Dix im Selbstbildnis. Eine Sammlung von Schriften, Briefen und Gesprächen, Berlin/DDR 1978, 234.

16 Otto Dix, zitiert nach: OTTO DIX, Briefe, hrsg. von ULRIKE LORENZ, Köln 2013, 942.

17 Otto Dix an Helene Jakob, 12.12.1917, in: a.a.O., 450.

Leichen, die Wunden zeigen".[18] Einerseits wollte er also bildnerisch Zeugnis ablegen, andererseits („Los haben wollte ich's"[19]) die persönlichen Belastungen verarbeiten.

1932 griff Dix das Thema noch einmal in einem gewaltigen Triptychon auf, das sich in Dresden befindet.

Abb. 8 Dix, Der Krieg, 1932.

Auf der linken Außentafel brechen die Kolonnen auf; die rechte Tafel zeigt die Rettung eines Soldaten aus dem Feuersturm (der Rettende trägt die Züge von Otto Dix). In der Mitte türmen sich wiederum die Leichen und Leichenteile, auch das Motiv des Aufgespießten kehrt wieder. Das drastisch ausgemalte Geschehen wird durch Anspielungen auf die Gemälde von Grünewald kunsthistorisch verankert.

Dix ist später darauf eingegangen, warum er das Thema 1932 noch einmal aufgegriffen hat: „Die Menschen begannen schon zu vergessen, was für entsetzliches Leid der Krieg ihnen gebracht hatte. Aus dieser Situation heraus entstand das Triptychon [...] Ich wollte also nicht Angst und Panik auslösen, sondern Wis-

---

18 OTTO DIX, Gespräch mit Reinhard Schubert, in: Thüringische Landeszeitung (Nov. 1966), zitiert in: SCHMIDT, Selbstbildnis (s. Anm. 15), 248.

19 OTTO DIX, Aus Gesprächen bei verschiedenen Gelegenheiten, in: SCHMIDT, Selbstbildnis (s. Anm. 15), 252.

sen um die Furchtbarkeit eines Krieges vermitteln und damit die Kräfte der Abwehr wecken."[20]

Max Beckmann hatte mit der „Auferstehung" den Versuch unternommen, das Kriegserlebnis in einem Bild zu erfassen – danach befasste er sich nicht mehr mit dem Thema. Die „Auferstehung", dieses unvollendete Meisterwerk, war eine Art von Schlussstrich. Dix dagegen versuchte mehrfach nach dem Krieg, das Trauma zu verarbeiten. Eines der herausragenden, immer noch bewegenden Zeugnisse ist die 1924 erschienene Kriegsmappe mit ihren 50 Radierungen. Für Dix gab es also keineswegs einen Abschluss; der Krieg blieb ein durchlaufendes Thema. Dabei ging er nicht mythisierend oder transzendierend vor. Vielmehr wollte er die vitalen Schreckenserfahrungen unmittelbar und verdichtet vor Augen führen – schließlich auch wegen der warnenden und mahnenden Funktion, die er vor allem 1932 für unbedingt notwendig erachtete: „die Kräfte der Abwehr wecken".

---

20 OTTO DIX, Gespräch mit Karl-Heinz Hagen, in: Neues Deutschland (Dez. 1964), in: SCHMIDT, Selbstbildnis (s. Anm. 15), 244–245.

Ernst Ludwig Kirchner

Abb. 9 Ernst Ludwig Kirchner, 1915.

Wenn ich jetzt auf Ernst Ludwig Kirchner eingehe, muss ich sogleich betonen, dass er – auch allein ohne Krieg – der Prototyp jenes Künstlers ist, der in der Moderne an sich und den Verhältnissen leidet. Im Unterschied zu Dix und Beckmann kommen Kriegsmotive bei ihm nicht vor, aber es zeigen sich in seinen Bildern die individuellen Auswirkungen des Krieges und seines inneren Miterlebens auf eine höchst eindringliche Weise.

Kirchner hatte, als der Krieg ausbrach, die Brücke-Zeit, in der er die einzigartigen Großstadtbilder geschaffen hatte, hinter sich; er war 34 Jahre alt. Er meldete sich freiwillig, um die Waffengattung wählen zu können. Juli 1915 wurde er nach Halle zur Feldartillerie einberufen. Er war nicht an der Front – hielt aber dennoch dem Druck nicht stand. Nach vier Monaten wurde er vorläufig entlassen, er musste sich in ärztliche Behandlung begeben. Es folgte ein Zusammenbruch.

Im Jahr 1915 stellte Kirchner sich selbst in einem aus den Fugen geratenen Ambiente dar, mit großem Absinthglas, bewusstlosem Blick und einer leeren Geste der Rechten: „Der Trinker" heißt das Bild. Kirchner stellte sich hier in die Tradition der Künstlerexzesse: der Künstler in seiner Haltung und mit dem ausgewählt dekorfreudigem Habit als Außenseiter. Die Sinnbildlichkeit ist offenbar: Der runde Tisch, der dem Körper kaum Halt zu bieten scheint, bildet einen Nimbus um den Kopf und den Kelch – der Kelch will ausgetrunken sein bis zum Ende. Christliche

Ikonographie wird somit aufgegriffen: Der bittere Kelch muss ausgeleert werden. So präsentiert sich der Maler als Märtyrer (ein Topos in der Kunst von James Ensor bis Paul Gauguin).

Wir wissen, dass Kirchner in dieser Zeit von Depressionen und Angstzuständen gequält wurde; er litt unter Alkoholismus. Der Außenseiter erscheint angstvoll in einer krisenhaften persönlichen Situation, gegenwärtig ohne Ausweg und günstige Aussicht: Das ist der Inhalt des Bildes. Dieses Werk sei entstanden, äußerte Kirchner einmal, als Tag und Nacht die Militärzüge unter seinem Fenster vorbeifuhren, in der Körnerstr. 45, Berlin-Steglitz. Gemalt ist das Selbstbildnis also angesichts des Krieges und speziell angesichts der angstvoll erwarteten Einberufung zum Militär – daher die intensivierte Leidenshaltung. Ebenfalls 1915 entstand das „Selbstbildnis als Soldat".

Abb. 10 Ernst Ludwig Kirchner, Selbstbildnis als Soldat, 1915.

Man sieht Kirchner in Uniform in seinem Atelier. Im Mittelpunkt steht der Armstumpf; die rechte Hand, die Hand des Malers ist abgehackt – auch dies ist kein faktisches Bildelement, sondern ein imaginiertes, symbolisches: die körperliche Verstümmelung ist als Zeichen für die gekappte schöpferische Kraft eingesetzt.

An Deutlichkeit und Drastik ist dieses Selbstbildnis kaum zu übertreffen. Es ist nicht nur eine Darstellung des Künstlers in diesem Augenblick; es geht auch um die zerstörerischen Auswirkungen der politischen Ereignisse des Krieges auf sein Künstlersein. So ist mit der autobiographischen Formulierung zugleich die programmatische Absicht gemeint: Die neue Malerei leidet unter der Zerrüttung an den Zeitumständen, der Künstler ist deren Opfer, die toten Augen sagen: ohne Aussicht.

Es folgten mehrere Sanatoriumsaufenthalte. Im November des Jahres 1916 schrieb Kirchner in einem Brief, allen Widrigkeiten zum Trotz versuche er, „noch Herr zu werden über die Dinge": „Neu an[zu]fangen."[21] Die nun entstehenden Rohrfederzeichnungen können als kühner Neubeginn angesehen werden, als Versuch, das Verworrene der Zeit durch heftiges, enthemmtes, radikales Strichgefüge unmittelbar Bild werden zu lassen und dabei zugleich ein rückhaltloses Bild der eigenen gesundheitlichen Zerrüttung zu zeichnen.

Kirchners Selbstbildnisse folgen dem Auf und Ab seines persönlichen Lebensgefühls und seines physischen und psychischen Zustands, der durch die Kriegsangst wesentlich verschlimmert wurde. Die gesteigerte Erlebnisfähigkeit – gesteigert durch den Militärdienst, die Krankheit, die Auszehrung, die Narkotika – diese gesteigerte Erlebnisfähigkeit findet sich geballt, konzentriert in den Selbstbildnissen. 1917 schrieb Kirchner: „Ich bin innerlich zerrissen und geimpft nach allen Seiten, aber ich kämpfe, auch das in Kunst auszudrücken."[22]

---

21 Kirchner an Gustav Schiefler, 12.11.1916, in: ERNST LUDWIG KIRCHNER/GUSTAV SCHIEFLER, Briefwechsel 1910–1935/1938, Mit Briefen von und an Luise Schiefler und Erna Kirchner sowie weiteren Dokumenten aus Schieflers Korrespondenz-Ablage, hrsg. von WOLFGANG HENZE, Stuttgart/Zürich 1990, 84.

22 Kirchner an Gustav Schiefler (wohl März 1917), in: a.a.O., 87.

Paul Klee

Abb. 11 Paul Klee, Ersatzbataillon der Landsturm-Kompagnie in Landshut, 1916.

Im Unterschied zu Max Beckmann und Otto Dix drängte Klee nicht auf die Teilnahme am Krieg. Vielmehr zeugen die in der Anfangszeit des Krieges – 1914/15 noch vor
seinem Militärdienst – entstandenen Werke von einer großen Angst vor Vernichtung und Elend.

Abb. 12 Klee, Der Krieg welcher das Land verwüstet, 1914.

Schwarzweiße Blätter wie „Der Krieg welcher das Land verwüstet" (Abb. 12) oder „Nebel überziehn die untergehende Welt" sind nicht illustrativ angelegt, sie sind karikaturistische Übersetzungen in eine spezifische Bildsprache mit eigenen bildlichen Zeichen für Explosion, Einschlag, Zersplitterung.

Klee wurde im März 1916 einberufen und war dann in Bayern stationiert, erst als Rekrut in Landshut, schließlich auf Luftwerften in Schleißheim und in Gersthofen bei Augsburg, also weit entfernt von der Front. Zeitweilig konnte er ein Zimmer anmieten, um sich seiner Kunst zu widmen. Auch im Dienst hatte er die Möglichkeit zu arbeiten.

Mitten im Krieg und während des Militärdienstes begann bei Klee überraschenderweise eine neue Werkphase. In nunmehr farbigen Blättern entwarf er märchenhafte Kombinationen von Schiffen, Tierwesen, Zeichen und Symbolen in einer imaginären Zone der Vorstellungskraft.

Abb. 13 Paul Klee, Gestirne über bösen Häusern, 1916.

Es handelt sich in der Regel um ganz kleine Formate, die indes eine starke bildhafte Wirkung haben. Auch findet sich bei Klee nun eine Tendenz zur Abstraktion. Er lotete alle verfügbaren Bildmittel und Bildsprachen aus – und schuf mit der tiefgründigen poetischen Welt und ihren kosmische Symbolen, die das Universale des Bildes anstreben, die Grundlage für sein ganzes späteres Werk.

Damit war von den düsteren Schwarzweiß-Zeichnungen von 1914/15 ein großer Schritt zu diesen reichen Bildwelten von 1916 bis 1918 getan. Die entscheidende Frage, ob der Krieg dabei eine lenkende Rolle gespielt habe, stellte Klee bereits selbst im Jahr 1917: „Ob meine Arbeit bei gelassenem Weiterleben auch so schnell emporgeschossen wäre wie Anno 1916/17?" Und er antwortete sich selbst: „Ein leidenschaftlicher Zug nach Verklärung hängt doch wohl mit der großen Veränderung der Lebensführung zusammen"[23], will sagen: Die Verdichtung und der Erfindungsreichtum in diesem Augenblick gingen in seinen Augen wesentlich auf die andere Wirklichkeitserfahrung, also auf den Krieg und seine Auswirkungen auf die Vorstellungskraft zurück. Klee schuf Gegenbilder zur Realität, die jedoch, wie Christine Hopfengart formuliert hat, „Produkte einer ebenso widersprüchlichen wie wirkungsmächtigen Wahrnehmung des Kriegszustandes"[24] sind.

Bei Kirchner war das Gegenteil der Fall: die Zerrissenheit als zentrales Thema; die Erneuerung der Bildmittel als Folge der Zerrüttungen und der Krise.

Otto Dix dagegen fand durch das unmittelbare Erlebnis des Kriegs mit allen Schrecknissen zu seinem großen Thema.

Max Beckmann begann noch einmal von vorn mit der Malerei und zeigte sogleich das Vorhaben an, die Realitätserfahrung zu transzendieren.

Damit mag an exemplarischen Fällen angedeutet sein, wie unterschiedlich deutsche Künstler den Krieg verarbeiteten. Wieder ganz anders waren die künstlerischen Reaktionen in Italien, in England, in Russland, in Frankreich und selbst in der Schweiz, wo schließlich unter dem Kriegsdruck Dada entstand – als Protestbewegung gegen Krieg und kriegführendes Bürgertum: auch das eine künstlerische Folge des Kriegs.

Abbildungsnachweise

Abb. 1: Wilhelm Morgner 1915 in Pommern, Quelle: Bussmann, Klaus (Hrsg.): Wilhelm Morgner. 1891–1917. Gemälde, Zeichnungen, Druckgraphik, Stuttgart 1991, 62.

---

23 Paul Klee, Tagebuch 9.9.1917 (1081), in: Klee, Tagebücher (s. Anm. 6), 444.

24 Christine Hopfengart, Schöpferische Bereicherung. Paul Klee im Ersten Weltkrieg, in: Uwe M. Schneede (Hrsg.), 1914. Die Avantgarden im Kampf, Ausst.-Kat. Bundeskunsthalle Bonn/ Snoeck 2013, 281.

Abb. 2: WILHELM MORGNER, Das Ungeheuer, 1915, Quelle: WESTFÄLISCHES MU-
SEUMSAMT u.a, (Hrsg.): Ich und die anderen. Wilhelm Morgner. Zeichnungen des Expressionismus, Münster 2005, 129.

Abb. 3: Max Beckmann als Krankenpfleger in Ypern, 1915, Quelle: KUNST- UND
AUSSTELLUNGSHALLE DER BUNDESREPUBLIK DEUTSCHLAND GMBH,
BONN u.a. (Hrsg.), 1914. Die Avantgarden im Kampf, Bonn 2013, 305.

Abb. 4: MAX BECKMANN, Selbstbildnis als Krankenpfleger, 1915, Quelle: KUNST-
UND AUSSTELLUNGSHALLE DER BUNDESREPUBLIK DEUTSCHLAND
GMBH, Bonn u.a. (Hrsg.), 1914. Die Avantgarden im Kampf, Bonn 2013, 195.

Abb. 5: MAX BECKMANN, Auferstehung, 1916/1917, Quelle: LENZ, C. (Hrsg.), Max
Beckmann und die Alten Meister. „Eine ganz nette Reihe von Freunden",
Berlin 2000, 93.

Abb. 6: OTTO DIX, Die Schützen des Zuges 390, Feldpostkarte, 13. März 1916, Quelle:
KUNST- UND AUSSTELLUNGSHALLE DER BUNDESREPUBLIK DEUTSCH-
LAND GMBH, BONN u.a. (Hrsg.), 1914. Die Avantgarden im Kampf, Bonn
2013, 314.

Abb. 7: OTTO DIX, Selbstbildnis als Mars, 1915, Quelle: KUNST- UND AUSSTEL-
LUNGSHALLE DER BUNDESREPUBLIK DEUTSCHLAND GMBH, BONN u.a.
(Hrsg.), 1914. Die Avantgarden im Kampf, Bonn 2013, 129.

Abb. 8: OTTO DIX, Der Krieg, 1932, Quelle: WULF HERZOGENRATH/JOHANN-KARL
SCHMIDT (Hrsg.), Dix – Otto Dix zum 100. Geburtstag 1891–1991. Hatje,
Stuttgart 1991, 260.

Abb. 9: ERNST LUDWIG KIRCHNER, Ernst Ludwig Kirchner, fotographisches
Selbstbildnis des in Halle Stationierten, 1915 zu Besuch in seinem Berliner Atelier, Quelle: KUNST- UND AUSSTELLUNGSHALLE DER BUNDES-
REPUBLIK DEUTSCHLAND GMBH, BONN u.a. (Hrsg.), 1914. Die Avantgarden im Kampf, Bonn 2013, 308.

Abb. 10: ERNST LUDWIG KIRCHNER, Selbstbildnis als Soldat, 1915, Quelle: KUNST-
UND AUSSTELLUNGSHALLE DER BUNDESREPUBLIK DEUTSCHLAND
GMBH, BONN u.a. (Hrsg.), 1914. Die Avantgarden im Kampf, Bonn 2013, 135.

Abb. 11: PAUL KLEE, Ersatzbataillon der Landsturm-Kompagnie in Landshut, 1916, Quelle: KUNST- UND AUSSTELLUNGSHALLE DER BUNDESREPUBLIK DEUTSCHLAND GMBH, BONN u.a. (Hrsg.), 1914. Die Avantgarden im Kampf, Bonn 2013, 314.

Abb. 12: PAUL KLEE, Der Krieg welcher das Land verwüstet, 1914, Quelle: JOSEF HELFENSTEIN/CHRISTIAN RÜMELIN (Hrsg.), Catalogue raisonné Bd. 2, 1913–1918, Bern 1998–2004, 194.

Abb. 13: PAUL KLEE, Gestirne über bösen Häusern, 1916, Quelle: KUNST- UND AUSSTELLUNGSHALLE DER BUNDESREPUBLIK DEUTSCHLAND GMBH, BONN u.a. (Hrsg.), 1914. Die Avantgarden im Kampf, Bonn 2013, 215.

Abstract

Noch während des Ersten Weltkrieges vollzogen sich im Werk vieler Künstler tiefgreifende motivische und stilistische Veränderungen: bedingt durch die schwerwiegenden Erlebnisse und zuweilen durch sie vorangetrieben. Bei E. L. Kirchner wurden als Folge der Zerrüttungen die Bildmittel radikalisiert. Otto Dix dagegen fand durch das unmittelbare Erlebnis des Kriegs mit allen Schrecknissen zu seinem großen Thema, während Max Beckmann noch einmal mit der Malerei von vorn begann und sogleich das Vorhaben anzeigte, die gewonnene Realitätserfahrung zu transzendieren. Paul Klee begann in diesen Jahren, seine phantastische farbige Bildwelt zu entwickeln.

Already during World War I, radical motivic and stylistic transformations could be traced in the oeuvre of many artists: induced by the grave experiences and sometimes furthered by them. As a consequence of the disruption, E. L. Kirchner radicalized his pictorial means. Furthermore, Otto Dix found his major topic through the immediate experience of the war with every horrifying moment, whereas Max Beckmann restarted painting from the beginning and manifested immediately the intention to transcend the attained reality experience. In these years, Paul Klee commenced to develop his colorful pictorial world.

Zerstörung und Verstörung

Literarische Perspektiven auf den Ersten Weltkrieg

Martin Neubauer

Was geschähe wohl, wenn heutzutage schlagartig ein Ereignis von unerhörten Dimensionen über die Welt hereinbräche? Mit Sicherheit dasselbe, was vor hundert Jahren nach der Welle wechselseitiger Kriegserklärungen geschah, die das Attentat von Sarajewo mit sich brachte: größtes mediales Echo auf allen Ebenen, Berichte, Kommentare, Reportagen, all das freilich ungleich schneller, direkter, anschaulicher. Mit Sicherheit würde eine ganz spezielle mediale Reaktion allerdings ausbleiben: dass sich nämlich eine literarisch entfesselte Öffentlichkeit genötigt sehen würde, zu diesem globalen Ereignis Stellung in Gedichtform zu nehmen, so wie dies zu Kriegsausbruch 1914 geschah. Literarische Profis wie Amateure ließen es sich nicht nehmen, ihre patriotischen Ergüsse an Zeitungen zu schicken, die diese dann abdruckten – oder auch nicht, weil sie sich der Flut an Zusendungen nicht mehr erwehren konnten. Christian Graf von Krockow veranschlagt in seiner Darstellung „Die Deutschen in ihrem Jahrhundert" die Zahl der im August 1914 verfertigten Kriegsgedichte auf eineinhalb Millionen,[1] wohl ausgehend von der in der Sekundärliteratur wiederholt auftauchenden zeitgenössischen Schätzung des Publizisten Julius Bab.[2] Warum die Wahl ausgerechnet auf Lyrik fiel und nicht auf andere literarische Kurzformen wie etwa Aphorismus oder Erzählung, lässt sich mit Marshall McLuhans Slogan „The medium is the message" wohl am besten erläutern. Indem sich ein Volk als Kollektiv von Gedichteschreibern inszenierte, bestätigte es für sich selbst seine kulturelle Sendung. Deutsche Intellektuelle ließen sich nicht immer aus bloßem Nationalismus von der Euphorie mitreißen. Häufig war sie für die Akzeptanz des Krieges durch die Verbindung mit dem kulturellen Kontext gewährleistet: Dem Waffengang obliege die Aufgabe einer allgemeinen Katharsis, das Heraufbe-

---

1 Vgl. CHRISTIAN GRAF VON KROCKOW, Die Deutschen in ihrem Jahrhundert. 1890–1990, Reinbek b. Hamburg 1990, 92.

2 Vgl. etwa PETER SPRENGEL, Geschichte der deutschen Literatur von den Anfängen bis zur Gegenwart, Bd. IX/2: Geschichte der deutschsprachigen Literatur 1900–1918. Von der Jahrhundertwende bis zum Ende des Ersten Weltkriegs, München 2004, 770f. – Mitabgedruckt ist eine anonyme kritische Replik in Gedichtform aus der Stettiner Abendpost (15. Oktober 1914), die diese Schätzung infrage stellt.

schwören einer Zeitenwende und einer neuen metaphysischen Erfahrung, von einer Sinnfindung in der Bewahrung höherstehender Werte ganz zu schweigen – und wie wäre man als Nation der Dichter und Denker dazu besser in der Lage, als im Gefolge von Goethe oder Eichendorff in Gedichtform zur Zeitpolitik Stellung zu nehmen?

Das sahen freilich nicht alle so, denn mochte die quantitative Dimension der poetischen Mobilmachung auch beachtlich erscheinen, die qualitative war es nicht. Zu oft siegte die patriotische Agitation der von Karl Kraus als „Versfußtruppe"[3] verspotteten Kriegslyriker über das persönliche literarische Profil. In seiner Autobiographie „Die Welt von Gestern" (1944) klagt Stefan Zweig:

> „Das Erschütterndste an diesem Wahnsinn aber war, daß die meisten dieser Menschen ehrlich waren. Die meisten, zu alt oder körperlich unfähig, militärischen Dienst zu tun, glaubten sich anständigerweise zu irgendeiner mithelfenden ‚Leistung' verpflichtet. Was sie geschaffen hatten, das schuldeten sie der Sprache und damit dem Volk. So wollten sie ihrem Volk durch die Sprache dienen und es das hören lassen, was es hören wollte: daß das Recht einzig und allein auf seiner Seite sei in diesem Kampf und das Unrecht auf der andern, daß Deutschland siegen werde und die Gegner schmählich unterliegen – völlig ahnungslos, daß sie damit die wahre Mission des Dichters verrieten, der Wahrer und Verteidiger des Allmenschlichen im Menschen zu sein. Manche freilich haben bald den bitteren Geschmack des Ekels vor ihrem eigenen Wort auf der Zunge gespürt, als der Fusel der ersten Begeisterung verraucht war. Aber in jenen ersten Monaten wurde am meisten gehört, wer am wildesten tobte, und so sangen und schrien sie hüben und drüben in wildem Chor."[4]

Nur wenige erkannten bereits in der Anfangsphase des Krieges die drohende Weltkatastrophe. Noch glühten viele vor nationalem Eifer, doch schon bald sollte sich jene frühe Mahnung von Karl Kraus als berechtigt herausstellen: „Wer etwas zu sagen hat, trete vor und schweige."[5]

Zwischen Wort und Tat bestand freilich nicht immer hundertprozentige Kongruenz. Vom Krieg begeistert zu schreiben war eine Sache; begeistert in den Krieg zu ziehen, das war eine andere. Einige namhafte Autoren seien diesbezüglich genauer hervorgehoben; der Einfachheit halber als Repräsentanten von vier großen Gruppen: (1) jene, die in den Krieg ziehen wollten und auch durften; (2) jene, die nicht wollten, aber mussten; (3) jene, die wollten, aber nicht durften; schließlich (4) jene, die nicht wollten, aber auch nicht mussten.

---

3 Karl Kraus, Notizen, in: Die Fackel 18 (8. April 1916), 41–58, 43.
4 Stefan Zweig, Die Welt von Gestern. Erinnerungen eines Europäers, Frankfurt/M. 1997, 264.
5 Karl Kraus, In dieser großen Zeit, in: Die Fackel 16 (5. Dezember 1914), 1–19, 2.

Zur ersten Gruppe zählt Richard Dehmel – als arrivierter Dichter, der als Kämpfer freiwillig am Krieg teilnahm, sicher eine Ausnahmeerscheinung. Ein zeitgenössisches Porträtfoto zeigt ihn in voller Montur und mit übergeworfener Flinte entschlossen in die Kamera blicken. Dehmel, bei Kriegsausbruch bereits 51 Jahre alt, wollte als Beispiel gesehen werden, erwirkte seine Aufnahme in den Kriegsdienst jedoch nur über eine Intervention des preußischen Kriegsministeriums. Stolz unterzeichnete er seine Post mit „Leutnant Dehmel", wurde mit Orden ausgezeichnet – und doch verflog seine chauvinistische Hochstimmung im Laufe der Zeit. „[M]üde und verstört kam er heim", schreibt sein Schriftstellerkollege Ernst Toller.[6]

Zu jenen, die nicht in den Krieg wollten, dennoch aber mussten, zählt Georg Trakl. So, wie er auf die Gräuel der Schlacht bei Grodek, heute in der Ukraine gelegen, reagierte, kann man sich kaum vorstellen, dass er mit großen Erwartungen an die Front gefahren war. Als Resultat des erbitterten Kampfes zwischen österreichisch-ungarischen und russischen Truppen blieben an die 1200 Tote auf dem Schlachtfeld zurück. Trakl musste als Militärapotheker an die 90 Schwerverwundete ohne ärztliche Hilfe oder Möglichkeiten zur Narkose versorgen. Für den jungen Dichter war dies zu viel: Nach einem Selbstmordversuch wurde er in die psychiatrische Abteilung des Garnisonsspitals von Krakau eingewiesen, am 3. November 1914 beging er Selbstmord mit einer Überdosis Kokain – wie etwa Ernst Stadler oder August Stramm einer jener Schriftsteller also, die bereits am Beginn des Krieges ein tragisches Ende fanden.

Franz Kafka gehört zu jenen, die zwar an die Front wollten, denen dies aber verwehrt wurde. Als der Krieg ausbrach, enthielt er sich chauvinistischer Tiraden, vermerkt vielmehr lakonisch in seinem Tagebuch: „Deutschland hat Rußland den Krieg erklärt. – Nachmittag Schwimmschule".[7] In seiner Prosa erscheint der Krieg allenfalls in Bildern der Gewalt oder der Entfremdung verschlüsselt, so in der im Oktober 1914 entstandenen Erzählung „In der Strafkolonie", in der die Degradierung des Individuums zum belanglosen Objekt ebenso zur Sprache kommt wie eine Tötungsmaschine, die nicht mehr zu kontrollieren ist. Wegen eines Herzfehlers fürchtete Kafka, bei der Musterung abgelehnt zu werden. Gerade den Prager Juden war es ein Anliegen, ihre Solidarität mit der Monarchie unter Beweis zu stellen und sich so von den Tschechen abzuheben, denen sie eine eher zweifelhafte Loyalität unterstellten. Trotz zweimaligen Tauglichkeitsbescheids musste Kafka aber nicht einrücken: Zu wichtig war seine Tätigkeit bei der Allgemeinen Unfallversi-

---

6   ERNST TOLLER, Eine Jugend in Deutschland, Reinbek b. Hamburg [20]2009, 58.

7   FRANZ KAFKA, 2. August 1914, in: Franz Kafka, Tagebücher 1910–1923, hrsg. von MAX BROD Frankfurt/M. 1986, 305.

cherungsanstalt, die gegen seine Einrückung intervenierte und ihn vom Waffendienst suspendieren ließ.[8] Große Freude konnte Kafka an seinem Zivilistendasein jedoch nicht finden, zu stark keimte in ihm die Sehnsucht nach einem Gemeinschaftserlebnis: „Im Feld wäre es besser."[9]

In der Gruppe jener, die weder an die Front wollten noch dorthin versetzt wurden, nach außen hin aber über den Krieg sehr wohl affirmativ zu schreiben wussten, versammeln sich beachtliche Namen. Thomas Mann, zunächst im irrigen Glauben an eine friedliche Beilegung der Krise um das Sarajewo-Attentat, begrüßte später den Krieg euphorisch als Chance zur Katharsis. Er selbst leistete als 39-Jähriger keinen aktiven Militärdienst. Der für ihn zuständige Stabsarzt, offenbar ein Freund der schönen Künste, schrieb ihn untauglich – „damit ich meine Ruh' hätte, so der Dichter in einem Brief an Paul Amman."[10] Krieg war seiner Meinung nach ohnehin wenig zuträglich für Nerven und Verdauung, Kopf und Herz, und wenn man schon der Verpflichtung im Schützengraben nicht nachkommen könne oder wolle, so bestehe als Ausgleich wenigstens darin eine Möglichkeit, zur moralischen Aufrüstung vom Schreibtisch aus beizutragen. Mann tat dies auch in Form von Essays, allen voran in seinen „Betrachtungen eines Unpolitischen" (1918).

Etwas mehr als ein Jahr älter als Thomas Mann war Hugo von Hofmannsthal, im Gegensatz zu jenem sogar Offizier der Reserve. Was beide verband, war die Abneigung, sich aktiv an Kampfhandlungen zu beteiligen. Bereits am 28. Juli, also am Tag der österreichisch-ungarischen Kriegserklärung an Serbien, wurde Hofmannsthal nach Istrien abkommandiert. Am Frontdienst nicht interessiert, betrieb er seine Versetzung in die Heimat. Mit Erfolg: Schon am 12. August, am Tag der britischen Kriegserklärung an Österreich-Ungarn, konnte er seinen Dienst im Kriegsfürsorgeamt antreten. Hofmannsthal war also schon in Sicherheit, als die endgültigen Frontstellungen des Krieges nicht einmal noch ausgemacht waren. Als Leiter des Pressebüros war er dafür verantwortlich, die Verwaltung künstlerisch gestalteter Drucksorten wie Lesezeichen oder Postkarten für wohltätige Zwecke zu überwachen. Bereits nach acht Monaten erlangte er eine Dienstfreistellung, freilich mit der Auflage, sich mit Publikationen zum Krieg öffentlich zu betätigen. Damit hatte Hofmannsthal allerdings schon am Anfang des Krieges begonnen: Am 24. September war in der Neuen Freien Presse ein Gedicht mit dem Titel „Öster-

---

8   Vgl. dazu PETER-ANDRÉ ALT, Franz Kafka. Der ewige Sohn. Eine Biografie, München 2005, 430ff.

9   FRANZ KAFKA, Brief an Felice Bauer (14. April 1916), in: HANS-GERD KOCH (Hrsg.), Franz Kafka. Kritische Ausgabe. Briefe, Bd. 3: April 1914–1917, Frankfurt/M. 2005, 156.

10 THOMAS MANN, Thomas Mann an Paul Amman (1. Oktober 1915), in: THOMAS SPRECHER/HANS R. VAGET/CORNELIA BERNINI (Hrsg.), Thomas Mann. Große kommentierte Frankfurter Ausgabe, Bd. 22: Briefe II 1914–1923, Frankfurt/M. 2004, 103.

reichs Antwort" erschienen, in dem unter Berufung auf die nationale Tradition eines Laurenz Leopold Haschka, des Dichters der Kaiserhymne, und eines Franz Grillparzer der Zusammenhalt Österreichs trotz seiner multinationalen Uneinheitlichkeit beschworen wurde. Ähnlich verfährt der Dichter dann auch später mit seinem Kinderbuch über Prinz Eugen (1915), das auf sentimentale Weise die Biographie des Feldherren verfremdet und mit dem zeitgenössischen Kriegsdiskurs überblendet.

Auch Rainer Maria Rilke zählt zur Riege jener Schriftsteller, die sich in ihren Publikationen zwar für den Krieg erwärmen konnten – man denke an seine in den ersten Kriegstagen entstandenen „Fünf Gesänge" –, eine aktive Beteiligung an Kampfhandlungen jedoch vermeiden wollten. So hoffte er auf eine Tätigkeit in einer Schreibstube oder als Sanitätsgehilfe, musste aber Anfang Januar 1916 in die Baumgartner Kaserne in Wien-Hütteldorf einrücken. Die psychischen wie die physischen Belastungen wurden dem 39-Jährigen schon bald zur Tortur; verdrängte Traumata aus seiner Militärschulzeit brachen durch, die Ausbildung mit Gepäck und Waffe zehrte an seinen Kräften. Noch im selben Monat kam einer Verlegung nach Nordböhmen seine Überstellung ins Kriegsarchiv zuvor; Freunde hatten zu seinen Gunsten interveniert, sein Alter und seine Gesundheit dabei ebenso ins Spiel gebracht wie die geschäftlichen Rücksichten des Insel-Verlags. Sein neues Betätigungsfeld nannte man „Heldenfrisieren" – die Umgestaltung von Kriegstaten zu heroischen Erzählungen für die breite Öffentlichkeit, durchgeführt von Literaten wie Stefan Zweig, Franz Theodor Csokor oder Alfred Polgar. Diese manipulative Schreibfron konnte Rilke auch nicht begeistern; so landete er letztlich bei Gagenbögen, die er mit horizontalen und vertikalen Linien versehen musste.

Offenkundig begrüßte ein nicht unbeträchtlicher Teil der literarischen Prominenz den altbekannten Umstand, dass die Feder ohnehin mächtiger sei als das Schwert, als willkommene Rechtfertigung vor sich selbst und der Gesellschaft, die eigene Person nicht unter Gefahr für Leib und Leben den Fährnissen der Front preiszugeben und stattdessen Heimatdienst vom Schreibtisch aus zu leisten. Die Janusgesichtigkeit von öffentlicher Kriegsbejahung und privater Kriegsvermeidung provozierte bei scharfsichtigen Beobachtern natürlich Spott, Hohn und Zynismus. Karl Kraus zitiert in einer Szene seiner „Letzten Tage der Menschheit" einen offenen Brief Hermann Bahrs an Hofmannsthal[11], den der Schreiber in verkitschtem Nationalpathos am Wachfeuer an der Front wähnt. Der Adressat erfährt davon aber in der relativen Sicherheit des Kriegsfürsor-

---

11 Vgl. Hermann Bahr, Gruß an Hofmannsthal, in: Neues Wiener Journal (26. August 1914), 6.

geamts und zeigt sich von dieser Fehleinschätzung, die ihn indirekt als Feigling bloßstellt, peinlich berührt.[12] Wiederholt führt Kraus in seinem Monumentaldrama Drückeberger vor, die es sich richten konnten – und Schriftsteller offenkundig mit besonderem Genuss, denn diese betrieben Propaganda oftmals ja mit ebenjenem Aufwand, mit dem sie sich der Lebensgefahr entzogen hatten:

> „DER OPTIMIST: (...) Das Vaterland braucht nicht nur Soldaten –
> DER NÖRGLER: – sondern auch Lyriker, die ihnen den Mut machen, den sie selbst nicht haben.“[13]

Wie vielfältig die privaten Einstellungen zum Krieg auch sein mögen, sie stehen dem breiten Spektrum der unterschiedlichsten literarischen Realisierungen um nichts nach. So gestalten sich die Perspektiven auf den Krieg ästhetisierend oder sachlich, verharmlosend oder heroisch. Verschiedenste Genres bemächtigen sich des Themas, auch solche, an die man im ersten Moment gar nicht denkt: die Tiergeschichte beispielsweise, das Kinderbuch oder der Thriller. Vielfältig auch die zeitliche Zuordnung: Der Krieg beherrscht die Literatur, noch während er im Gange ist, und er tut es auch danach; ja, er ist sogar vereinzelt Thema in Texten, die vor der Julikrise 1914 erschienen sind. In Waldemar Bonsels' häufig als Kinderbuch missverstandenem Roman „Die Biene Maja und ihre Abenteuer" (1912) erfahren die fleißigen Bienen und die grausamen Hornissen dieselben Bedeutungszuordnungen wie später Deutsche und Franzosen in Thomas Manns „Betrachtungen eines Unpolitischen" oder generell in der Eigen- und Fremdwahrnehmung durch die Mittelmächte. Hier wie dort wird einem per se friedlichen Volk durch einen neiderfüllten Aggressor von außen ein Krieg aufgezwungen, der nur durch bedingungslosen Zusammenhalt gewonnen werden kann. Vom „schönen" Soldatentod im archaisch geführten Kampf ist da die Rede, von der „wilde[n] Seligkeit einer Todesbereitschaft"[14], die sich einem sterbenden Bienenoffizier ins Herz senkt – kein Wunder, dass dieser Roman gern im Tornister deutscher Frontsoldaten mitgeführt wurde.

Vielfältig gestaltet sich auch der stilistische Zugriff. Und gerade in diesem Zusammenhang ist es interessant zu sehen, wie sehr der Weltkrieg zu einem Schrittmacher für die Avantgarde geworden ist. Sicher, die Moderne setzt weit vor 1914 in der Literatur ein, aber die Ereignisse des Krieges wirken auf die Ausformung einer radikalisierten Ästhetik wie ein Brandbeschleuniger, der einmal in Gang gesetzt-

---

12 Vgl. KARL KRAUS, Die letzten Tage der Menschheit. Tragödie in fünf Akten mit Vorspiel und Epilog, Bd.1, 1. Akt, 19. Szene, München 1978, 105ff.

13 A.a.O., 2. Akt, 10. Szene, 190.

14 WALDEMAR BONSELS, Die Biene Maja und ihre Abenteuer. Ein Roman für Kinder, Berlin u.a. 1912, 167.

ten Prozessen eine zusätzlich Dynamik verleiht. Das allgemeine Zerbrechen von Werten, das im Verlauf des Weltkonflikts zu beobachten ist, korreliert auffällig mit einem Umbruch in allen Bereichen der Kultur, mit einem Zerbrechen der traditionellen Ästhetik. Sahen konservative Schreiber immer noch den eigentlichen Zweck der Kunst in Formerfüllung und in der Bereitstellung ethischer Richtlinien, so zeigten nunmehr die Vorkämpfer des neuen Schreibens, dass für die Literatur andere Prämissen beansprucht wurden. Vermehrt hielten das Regellose und das Chaotische, beides keine soldatischen Tugenden, Einzug in die Dichtung.

Dass sich das Zerbrechen der Form dabei aufs erste recht unauffällig zu gestalten versteht, zeigt ein Blick auf Georg Trakls letztes Gedicht „Grodek" (1914).[15] Es beginnt folgendermaßen:

> „Am Abend tönen die herbstlichen Wälder
> Von tödlichen Waffen, die goldenen Ebenen
> Und blauen Seen, darüber die Sonne
> Düstrer hinrollt; umfängt die Nacht
> Sterbende Krieger, die wilde Klage
> Ihrer zerbrochenen Münder."

Eine Szenerie wie bei Eichendorff: abendliche Wälder, blaue Seen, die hereinbrechende Nacht, zudem eine Landschaft, die auch durch Töne mitgeschaffen wird – später kommen noch die „dunkeln Flöten des Herbstes" (14) hinzu. Das Gedicht lebt vom selben Inventar wie die Naturlyrik der Romantik – und stellt diese romantische Szenerie als Äußerlichkeit bloß. Denn überall ist sie durchsetzt von „tödlichen Waffen" (2), von Sterbenden und Verwundeten, von Blut: „Alle Straßen münden in schwarze Verwesung" (10). Doch ist es allein nicht damit getan, dass ein romantisches Stimmungsbild mit den dunklen Farben von Krieg und Gewalt übermalt wird; der Zerstörungsprozess, der dem Text innewohnt, inszeniert sich nochmals, aber weitaus unauffälliger auf formaler Ebene.[16] Lässt man die erste Silbe des Gedichts beiseite, so folgt bis zum Komma der zweiten Verszeile ein lupenreiner Hexameter. Doch wird er nicht deshalb eingesetzt, um den Krieg durch Allusion auf das Vermaß der großen antiken Epiker in den Kontext griechischer oder römischer Heldengeschichten einzuordnen oder das Grauen ästhetisierend zu dämpfen. Vielmehr zeigt sich

---

15 Die angeführten Textzitate der 2. Fassung richten sich nach folgender Ausgabe: GEORG TRAKL, Das dichterische Werk. Auf Grund der historisch-kritischen Ausgabe von WALTHER KILLY UND HANS SZKLENAR, München 1987, 94f.

16 Vgl. GEORG KAISER, Geschichte der deutschen Lyrik von Goethe bis zur Gegenwart. Ein Grundriß in Interpretationen, Bd. 2: Von Heine bis zur Gegenwart, Frankfurt/M. 1991, 621–629.

in der Folge, dass die Struktur des Hexameters für den weiteren Gedichtverlauf nur insofern markant ist, als immer wieder die typische rhythmische Form seiner Klausel – des Daktylus und des Trochäus am Ende – bruchstückhaft auftaucht: „Geister der Helden" (13) etwa oder „Flöten des Herbstes" (14). Was früher noch imstande war, einem Text Struktur und Ordnung zu geben, ist nunmehr Fragment geworden, hat sich unter dem Ansturm des Grauens aufgelöst.

Auch bei dem Bestreben, Kampfhandlungen narrativ zu vermitteln, lässt sich das Zerbrechen als ästhetisches Phänomen beobachten. Das Erzählen von Schlachten ist generell ein Grundproblem der Literatur. Wer erzählt, bringt ein Geschehen grundsätzlich in eine gewisse Ordnung, reiht chronologisch oder macht zeitliche Sprünge sichtbar, beschreibt Ursachen und Wirkungen, lässt Unwichtiges beiseite, strukturiert und zeigt Zusammenhänge auf. Schlachten hingegen sind das pure Chaos, unübersichtliche Ausbrüche von Gewalt, bei denen Planung und Ergebnis nicht immer (zumindest für den Verlierer) übereinstimmen: Alles sperrt sich also schon a priori gegen erzählerische Disziplin. Hinzu kommt das problematische Verhältnis von Totalität und Ausschnitt. Die Schlacht als großes Ganzes zu erfassen ist unmöglich, vor allem, wenn die Perspektive des personalen Erzählers oder des Ich-Erzählers gewählt wird, die dichter am Geschehen beteiligt sind. Das Gefühl der Bedrängnis, die permanente Todesgefahr und die ständige Reizüberflutung tragen dazu bei, das Wahrnehmungsfeld der Beteiligten weiter einzuschränken.

Gerade diese Spannung, alles erzählen zu müssen, vielfach davon aber nur einen Teil erzählen zu können, hat für unterschiedliche Lösungsmöglichkeiten gesorgt. Erich Maria Remarque hat in seinem Roman „Im Westen nichts Neues" (1928 bzw. 1929), dem größten Weltkriegsbestseller der deutschen Literatur, ein eher konventionelles Verfahren gewählt. Totalität versucht er zu erreichen, indem er eine Summe aller Begleitumstände des Krieges bildet, all das zur Sprache bringt und näher erläutert, was das Wesen des Krieges ausmacht. Desertion und Drill, Flammenwerfer und Frontpferde, Gaskrieg und Gruppenzwang, Kampf mit Schaufeln und käufliche Liebe, Latrine und Lazarett, Meldehunde und Musterung, Verstümmelung und Verschüttetwerden – es wäre kein Problem, ein Weltkriegslexikon zu verfertigen, das sich aus entsprechenden Textbelegen aus Remarques Roman zusammensetzte. Sein Verfahren ist enzyklopädisch, indem es das Leben der Soldaten als umfassendes Panorama darzustellen versucht. Was dabei zerbricht, ist allenfalls die Illusion der an die Front gebrachten jungen Idealisten.

„In Stahlgewittern" (1920), Ernst Jüngers mehrfach überarbeiteter autobiographischer Bericht über seinen Einsatz an der Westfront, zeigt sich auf andere Art konventionell. Er führt ein Soldatenleben vor, das ständig zwischen den Polen von

Langeweile und äußerster Erregung schwankt. Dabei knüpft der Verfasser in seiner Art des Erzählens an einen Schriftsteller an, dessen Bücher bereits in seiner Jugend zum Kanon der von ihm verschlungenen Abenteuerliteratur gezählt haben: Karl May.[17]

> „Oh, du kampferfülltes und doch so idyllisches Leben im Wigwam (...)! Das Leben in diesen Gegenden wogt voll Gefahr und Lust. Es ist ein unaufhörliches Spiel und ebenso Kampf ums Dasein und Abenteuer, fröhlich und blutig."[18]

Wer das Wort „Wigwam" in diesem Abschnitt aus Klaus Manns kritischer May-Abrechnung „Cowboy Mentor of the Führer" (1940) durch das Wort „Schützengraben" ersetzt, kann schon recht gut den Geist nachvollziehen, der durch Jüngers Schlachtenbeschreibungen weht. Krieg ist eine lange Kette von Abenteuern: So wie bei Karl May konstituiert sich die Erzählung aus einer Aneinanderreihung von ungewöhnlichen Erlebnissen – Anschleichen, Verfolgung, Überfälle, Befreiung und Bestrafung beim einen, Schilderungen von Zerstörung, Verletzung und Tod beim anderen.

> „Tertianererinnerungen aus Karl May kamen mir ins Gedächtnis, als ich so auf dem Bauche durch betautes Gras und Distelgestrüpp rutschte, ängstlich bemüht, jedes Rascheln zu vermeiden, da sich fünfzig Schritt vor uns der englische Graben als schwarzer Strich aus dem Halbdunkel hob."[19]

Wie bei den Abenteuern von Old Shatterhand oder Kara ben Nemsi sorgt auch in Jüngers Fronterzählung ein souveränes Ich dafür, dass traumatische Erfahrungen oder Schockerlebnisse abgewehrt werden. Keine Spur von Desintegration also: Zwar wird der Glaube an den Sieg bei der erzählenden Instanz zunehmend porös, insgesamt bleibt sie aber homogen und stabil. Dies gelingt auch dadurch, dass – wie bei Karl May – bedrohliche Situationen in ihrer Ernsthaftigkeit heruntergespielt werden: „Unangenehm [!] waren dagegen häufige Gasminenüberfälle, die manches Opfer forderten."[20] Ebenso unerschütterlich zeigen sich beide Erzähler in amourösen Belangen. Sowohl May als auch Jünger entwerfen Männerwelten: Der Wilde Westen und der Orient auf der einen Seite, die Westfront auf der anderen werden als patriarchalisch strukturierte Hierarchien vorgestellt, in denen weibliche Versuchungen keine Rolle spielen. Bei Karl May mögen zwar – einer umstrittenen These von Arno

17 Vgl. HELMUTH KIESEL, Ernst Jünger. Die Biographie, München 2007, 42f.
18 KLAUS MANN, Cowboy-Mentor des Führers (Auszug), in: HELMUT SCHMIEDT (Hrsg.), Karl May, Frankfurt/M. 1983, 32–34, 32.
19 ERNST JÜNGER, In Stahlgewittern, Stuttgart 1978, 79.
20 A.a.O., 246.

Schmidt zufolge[21] – die Landschaften in ihrer Symbolstruktur erotisch aufgeladen sein, seine Helden sind es nicht. Wenn bei Jünger militärische Korrektheit über sexuelle Begierde triumphiert, so liefert er, wie sein Biograph Helmuth Kiesel weiß,[22] freilich ein weißgewaschenes Bild des Frontalltags, der, wie aus anderen Quellen zu erfahren ist, sehr wohl mit Bordellbesuchen oder der Liaison mit einer Französin imprägniert war.

Sowohl bei Remarque als auch bei Jünger ist von einer existentiellen Verunsicherung, die sich im Narrativen widerspiegelt, keine Rede. Das Erzählen verläuft in geordneten Bahnen, indem es an Bewährtes anknüpft und das avantgardistische Moment der formalen Dissoziation vermeidet. Ganz anders Edlef Köppen in seinem Roman „Heeresbericht" (1930): Schon das Prinzip der Montage, das hier zur Anwendung kommt, ist eine destruktive, zersetzende Technik, die zuerst alte Ordnungen und Zusammenhänge zerstören muss, um neue herzustellen. Indem sie Disparates zusammenfügt, liefert sie den Spiegel einer zerstückelten Welt. So wie im Krieg die Frontabschnitte zertrümmert und Körper verstümmelt werden, so zeigt sich die erzählte Welt nicht mehr unter dem Schirm einer kohärenten Form, sondern irritiert durch Auflösung und Bruchstückhaftigkeit. Köppen entfaltet ein heterogenes Textgemenge mit unterschiedlichem Bezug zum Krieg. Einerseits finden sich direkte Stellungnahmen zum Kampfgeschehen wie Zeitungsberichte, Verfügungen, Befehle oder affirmative Stimmen wie etwa jene Ludwig Ganghofers; andererseits präsentieren sich auch scheinbar vom Krieg losgelöste Alltagszeugnisse: ein Zirkusprogramm (allerdings mit dem Torpedieren der „Lusitania" als Programmhöhepunkt), Lexikoneintragungen, eine Annonce für Grußtäfelchen und dergleichen. Bleibt die Einheit des Ich in den „Stahlgewittern" unangetastet, so zerfällt es in Köppens Roman: Dessen Held Adolf Reisiger tritt zunächst – wie der ranghöhere Ernst Jünger – voll Begeisterung und Idealismus in den Krieg ein, verzweifelt aber zusehends. Schließlich landet er bei der Erkenntnis, dass das „Leben fürs Vaterland"[23] einen höheren Wert habe als das Sterben. Für die Einsicht, dass der Krieg „das größte aller Verbrechen"[24] sei, wird Reisiger – wie 1918 auch sein Schöpfer – ins Irrenhaus weggesperrt, denn diese unbequemen Äußerungen sind einer militarisierten Gesellschaft nicht zuträglich. Am Ende der Konfrontation des Soldaten Reisiger mit dem Inferno der Front stehen somit psychische Auflösung und totaler Sinnverlust.

---

21 Vgl. ARNO SCHMIDT, Sitara und der Weg dorthin. Eine Studie über Wesen, Werk & Wirkung Karl Mays, Frankfurt/M. 1998.

22 Vgl. KIESEL, Jünger (s. Anm. 17), 128f.

23 EDLEF KÖPPEN, Heeresbericht. Roman, Berlin ³2007, 351.

24 A.a.O., 388.

Die Technik, Realitätsfragmente zusammenzumontieren, erweist sich nicht nur dazu geeignet, um den Zerfall von Reisigers Persönlichkeit sinnfällig zu machen, sondern versteht sich auch als Methode, um das Unübersichtliche wenn schon nicht narrativ zu bannen, so denn doch in seiner chaotischen Dimension einzufangen. Bereits kurz zuvor hatte dies Alfred Döblin für einen anderen Bereich auf die gleiche Art und Weise versucht – in seinem Roman „Berlin Alexanderplatz" (1929) ist es die Großstadt, die als Inbegriff des Konfusen adäquat durch die Montage erfasst werden soll. Und Karl Kraus kombiniert in seinen „Letzten Tagen der Menschheit" (entst. 1915–1922) das Nacheinander weitgehend unverbunder Szenen mit einer hypertrophen Form (es sind über 200 an der Zahl), um das Panoramahafte adäquat zur Gestaltung zu bringen. Der totale Krieg fordert zur Totale in der Darstellung heraus.

Mit dem Sprengen alter Formen ist es nicht getan; der destruktive Geist, der die Zeit erfüllt, dringt bis zur Grundsubstanz literarischer Kommunikation vor: der Sprache. Ähnlich wie bei den Erfahrungen rund um den Holocaust oder den Bombenkrieg rund dreißig Jahre später zeigt es sich, dass die herkömmliche Art der Vermittlung nicht mehr ausreicht, um all den Horror zu erfassen. Das Medium kapituliert insofern vor dem Grauenhaften, als es den Anspruch aufgibt, Verständliches über die Welt weiterzutransportieren. So wie die Sinnsuche im Krieg gescheitert ist, ist es auch nicht mehr möglich, Sinn in der sprachlichen Kommunikation zu finden: Das Unsinnige hält Einzug in die Kunst, namentlich in der Strömung des Dadaismus, die ungefähr von der Mitte des Krieges an von Zürich aus ihren Anfang nahm. Wie sehr die Auflösung aller Zusammenhänge dabei zelebriert wurde, zeigt beispielhaft der Beginn des Gedichts „Seepferdchen und Flugfische" von Hugo Ball:

> „tressli bessli nebogen leila
> flusch kata
> ballubasch
> zack hitti zopp
> zack hitti zopp
> hitti betzli betzli
> prusch kata
> ballubasch
> fasch kitti bimm"[25]

---

25 HUGO BALL, Seepferdchen und Flugfische, in: KLAUS-PETER DENCKER (Hrsg.), Poetische Sprachspiele. Vom Mittelalter bis zur Gegenwart, Stuttgart 2002, 140.

Auf den ersten Blick hat dieser Text mit dem Ersten Weltkrieg rein gar nichts zu tun. Eher ist er als Aneinanderreihung von Klängen zu lesen, als intermediales Experiment, das die Grenze zur Musik aufzubrechen versucht. Was sich hier zumindest äußerlich in der vertrauten lyrischen Form von Kurzversen und Strophen vorstellig macht, animiert bestenfalls zu phantasievollen Assoziationen, als dass eine Beziehung zur außersprachlichen Wirklichkeit hergestellt werden könnte. All das, was für die Definition eines sprachlichen Zeichens notwendig ist, fehlt: Neben der semantischen Dimension auch die grammatische, zumal sich das Dargebotene ohne inneren Zusammenhang präsentiert. Und davon, dass dem Leser eine kohärente Aussage verständlich gemacht wird, kann ebenfalls keine Rede sein – der pragmatische Bezug ist gestört, es wird nichts Konkretes mehr mitgeteilt.

Auch hier liegt die Botschaft im Medium selbst, das aber keines mehr sein will. Entstanden im Epochenjahr 1917, ist dieses Gedicht nicht nur pure Provokation, sondern legt auch Zeugenschaft ab von einer Gesellschaft, deren Werte sich in zunehmender Auflösung befinden. Wenn die Sprache ihre Verbindlichkeit verliert, so fügt sie sich perfekt ein in das allgemeine Chaos des Krieges. Die demolierte Literatur als Teil einer demolierten Welt: Ähnliches lässt sich später auch nach der zweiten globalen Katastrophe ab den späten vierziger Jahren beobachten. War es im Ersten Weltkrieg der Geist des Dadaismus, der für eine Erosion dessen sorgte, was man gemeinhin als Aufgabe literarischer Vermittlung ansah, so vollzog sich nach 1945 in der Konkreten Poesie ein vergleichbarer Prozess, der die Sprache vorrangig als Fundus für Material ansah, aus dem in der Folge mehr oder weniger irritierende poetische Gebilde hergestellt wurden. Die Wirklichkeit wurde von beiden Kriegen jeweils als Trümmerwüste zurückgelassen; warum sollte dies für die Sprache nicht genauso gelten? Und sollte es nicht genauso möglich sein, aus diesen Trümmern jeweils wieder etwas Neues zusammenfügen?

Im Gefolge beider Weltenbrände wird das Experiment zur großen Artikulation des Kulturbruchs. Dazu kommt, dass sich auch abseits des Ersten Weltkriegs innerhalb weniger Jahrzehnte überkommene Vorstellungen verabschieden, wenn etwa Relativitätstheorie und Quantenmechanik für den Verlust eines geordneten Weltbilds sorgen. Nichts ist mehr so, wie es einmal war, und schon gar nicht in der Literatur. Mit der Auflösung der alten Autoritäten fällt es auch dem Aufstand in der Kunst leichter sich durchzusetzen: Der Krieg wirkt für die Avantgarde wie ein gewaltiger Katalysator, der den Paradigmenwechsel in der literarischen Ästhetik noch drängender vorantreibt, als dies bisher der Fall war. Generell gilt, dass das, was die Künste bisher zusammengehalten hat, nunmehr in Frage gestellt wird. Alte Eindeutigkeiten haben ausgedient: Malewitsch stellt mit seinem „Schwarzen Quadrat" 1915 das traditionelle Verständnis von Malerei auf den Kopf, die Zwölftonmusik verstört durch den Bruch mit der tradierten Tonsprache, und die Literatur verliert ihren Anspruch, Verbindliches auszusagen. So bleibt am Ende die von Karl Kraus schon zu Beginn des Krieges artikulierte Forderung übrig, angesichts der Katastrophe einfach zu schweigen – oder, wie es Henry James bereits 1915 auf den Punkt bringt: „The war has used up words".[26]

Blicken wir von unserer Gegenwart zurück auf die Zeit vor hundert Jahren, so blicken wir unwillkürlich durch das Prisma des Zweiten Weltkriegs, das unsere Wahrnehmung von der Ur-Katastrophe des 20. Jahrhunderts verzerrt. Je nach Nation gestalten sich diese Verwerfungen ganz unterschiedlich: Für den Deutschen sind die Ereignisse des Ersten Weltkriegs überlagert von der Erinnerung an Aggressionskrieg, Lebensraumideologie und Holocaust, für den Franzosen von den Erfahrungen der Besatzungszeit, und für den Russen bedeutet das eigentliche Zentenarium ohnehin das Gedenken an die Oktoberrevolution von 1917. Auch in der Literatur löste der Zweite Weltkrieg den Ersten als bestimmendes Thema ab. In der Zeit bis Hitlers Machtergreifung hatte sich die deutsche Schriftstellerzunft emsig am Großen Krieg abgearbeitet: „[K]ein anderer Stoff ist zwischen 1918 und 1933 literarisch so häufig behandelt worden"[27], schreibt Hans Harald Müller. Kein Wunder, dass angesichts der zu diesem Stoffkomplex entstandenen unübersehbaren, auf mehrere tausend Stück geschätzten Textmassen die germanistische Grundlagenforschung bislang kapituliert hat: Eine bibliographische Aufbereitung ist noch ausständig.

Dass es hier noch eine wichtige Lücke zu füllen gibt, ist eine Notwendigkeit, die umso dringlicher erscheint, als der Erste Weltkrieg in seiner Funktion als gruppenbildendes Ereignis, als – auch grenzüberschreitende – kollektive Erinnerung unbestritten ist. So erstaunt es wenig, dass die Wunden, die er geschlagen hat, mehr oder weniger vernarbt in der Literatur der Zwischenkriegszeit weiter existieren. Deutlich ist dies zu sehen an den großen Romanen der zwanziger Jahre, deren Entstehung zum Teil auch in die Zeit des Krieges fällt, die aber auf die Zeit vor dem Krieg zurückgreifen: etwa bei James Joyce oder in Marcel Prousts „À la recherche du temps perdu". Die Erinnerungsarbeit nimmt dabei insofern neue Formen an, als die Umbrüche auf dem Gebiet des Erzählens, die diese Texte inszenieren, vom Vergegenwärtigen einer Vergangenheit begleitet werden, die bereits einer komplett anderen Welt angehört. Der Krieg als Pate der klassischen Moderne: Das zeigt sich besonders markant in Thomas Manns Roman „Der Zauberberg", erschienen 1924, begonnen

---

26 PRESTON LOCKWOOD, Henry James' First Interview, in: The New York Times (21. März 1915).

27 HANS-HARALD MÜLLER, Der Krieg und die Schriftsteller. Der Kriegsroman der Weimarer Republik, Stuttgart 1986, 1.

jedoch bereits vor dem „Weltfest des Todes"[28], in das der Erzähler im Schlusskapitel seine Hauptgestalt nach jahrelangem Aufenthalt in einem Schweizer Sanatorium entschwinden lässt. Oder im „Mann ohne Eigenschaften" von Robert Musil, seines Zeichens selbst Offizier an der italienischen Front: Als dünnen Handlungsfaden wählt der Verfasser vielsagenderweise die Vorbereitungen zur Feier einer „Parallelaktion", die die Thronjubiläen des österreichischen und des deutschen Kaisers verherrlichen soll und für 1918 anberaumt ist, ironischerweise aber mit dem Untergang beider Monarchien zusammenfällt.

Trotz aller zeitlichen Distanz erscheint es auch heute noch verständlich, wenn sich ein so elementares Ereignis wie der Erste Weltkrieg nicht aus den Köpfen der schreibenden Zeitgenossen verbannen lässt, ob sie ihn an der Front miterlebt haben mögen oder in der Heimat. Die durch ihn hervorgerufenen traumatischen Erfahrungen stülpen sich wie ein Netz über die internationale Literatur der Moderne, bewirken als Gegenreaktion eine künstlerische Befreiung durch das Ausreizen aller innovatorischen Möglichkeiten bis hin zum Absurden. So wie die Welt ohne den Großen Krieg heute wahrscheinlich eine andere wäre, wäre es wahrscheinlich auch die Literatur. Sie ist es, die sich über ein Jahrhundert lang erfolgreich darin bewährt hat, die Erinnerung an ein Weltereignis wachzuhalten. Darin liegt vielleicht ihre vornehmste Bestimmung. Dass dies nicht selbstverständlich ist, zeigt – gleichsam als Gegenbeispiel – ein einzelner Umstand, der aus dem kollektiven Bewusstsein weitgehend verschwunden ist. Der Erste Weltkrieg mit seinen schätzungsweise etwa 10 Millionen Toten war nämlich nicht die größte Katastrophe im zweiten Jahrzehnt des 20. Jahrhunderts, das war vielmehr eine andere, deren Opferzahlen auf 25 bis 50 Millionen geschätzt werden, jene des Weltkriegs also weit übersteigen: die 1918 einsetzende Spanische Grippe. Dass diese Pandemie – im Gegensatz zum Ersten Weltkrieg – keinen Platz im gemeinsamen Gedächtnis für sich reklamieren kann, ist auf ein gravierendes Defizit zurückzuführen: Literatur und Kunst haben sich ihrer kaum angenommen.

Abstract

Vom Sog des Ersten Weltkriegs wird auch die Literatur mitgerissen – er bleibt das große Thema, auch über die zwanziger Jahre hinaus. Das ideologische Spektrum reicht vom Affirmativen und Propagandistischen bis hin zu Nihilismus und radikaler Verweigerung. Auch die Vielfalt der formalen Gestaltungen kennt dabei keine

---

28 THOMAS MANN, Der Zauberberg. Roman, Frankfurt/M. 1986, 994.

Grenzen. Das historische Ereignis wirkt wie ein Katalysator, der die bereits vor 1914 virulent gewordenen Prozesse der Moderne beschleunigt. Das Alte wird gesprengt, und zwar in doppelter Wortbedeutung: Die Autoren setzen die chaotischen und regellosen Eindrücke des Schlachtfeldes insofern um, als sie das Bruchstückhafte und die Montage zu wichtigen ästhetischen Parametern machen. Darüber hinaus stellt die Literatur ihre gesellschaftliche Relevanz als eine Art Erinnerungskonserve unter Beweis, die bis heute das Bild vom „Großen Krieg" mitprägt.

Also literature was overcome by World War I – it remains the main theme, even beyond the 1920's. The ideological spectrum ranges from affirmative and propagandistic tendencies to nihilism and the radical refusal. Also, the diversity of the formal structure knows no limits. The historical event acts as a catalyst accelerating the virulent modern processes before 1914. The old era was literally and figuratively blown: The authors implement the chaotical and the irregular feelings of the battlefield as they use fragmentariness montage as important esthetic parameters. Furthermore, literature proves its social relevance as a kind of memory preserve, that until today has a lasting effect on the picture of the "big war".

„Unser Krieg ist eine Frage an Gott"

Theologische Deutungen des Ersten Weltkrieges

Arnulf von Scheliha

I.

Die Evangelische Kirche in Deutschland (EKD) hat sich im Sommer 2014 in einem „Kirchenwort" unter der Überschrift „Richte unsere Füße auf den Weg des Friedens" selbstkritisch mit dem Verhalten der Evangelischen Kirchen zu Beginn des Ersten Weltkrieges auseinandergesetzt. Der „Glaube an den liebenden und versöhnenden Gott, die Verbundenheit im einen Leib Christi mit anderen Kirchen und die Universalität des christlichen Glaubens haben sie [Kirche und Theologie] nicht vor Kriegsbegeisterung und -propaganda bewahrt, noch vor der Rechtfertigung nationaler Kriegsziele bis zum Ende. [...] Dieses Versagen und diese Schuld erfüllt uns heute mit tiefer Scham".[1] Wegen seiner Verhaftung im „nationalistischen Zeitgeist" sei der deutsche Protestantismus „nach Kriegsende nicht zu einer Versöhnungskraft geworden und hat sich 1933 nicht dem Gift des wieder aufkommenden Nationalismus entziehen können." Als repräsentativer Beleg für dieses Versagen wird oft jene Predigt zitiert, die der Berliner Hof- und Domprediger Bruno Doehring (1879–1961) am 2. August 1914 auf den Stufen des Reichstages im Rahmen eines improvisierten Gottesdienstes vor einer großen Menschenmenge gehalten hat. Das immer wieder angeführte Zitat lautet:

> „Ja, wenn wir nicht das Recht und das gute Gewissen auf unserer Seite hätten, wenn wir nicht – ich möchte fast sagen handgreiflich – die Nähe Gottes empfänden, der unsere Fahnen entrollt und unserem Kaiser das Schwert zum Kreuzzug, zum heiligen Krieg in die Hand drückt, dann müssten wir zittern und zagen. Nun aber geben wir die trutzig kühne Antwort, die deutscheste von allen deutschen: ‚Wir Deutsche fürchten Gott und sonst nichts auf der Welt!'"[2]

---

1   http://www.ekd.de/EKD-Texte/wort—des—rates—zum—ersten—weltkrieg.html (zuletzt abgerufen am 11.02.2015).

2   BRUNO DOEHRING, Furchtlos und treu. Rede bei Kriegsausbruch über Offenbarung Johannes 2,10, in: BRUNO DOEHRING (Hrsg.), Eine feste Burg. Predigten und Reden aus eherner Zeit zum Besten der Nationalstiftung für die Hinterbliebenen der im Kriege Gefallenen, Bd.1, Berlin 1914, 9–13, 11.

„Gutes Gewissen", der „Gott, der die Fahne entrollt", „Kreuzzug" und „heiliger Krieg" – das sind die Reizworte in diesem Zitat, die die Nachgeborenen auf unüberbrückbare Distanz zur protestantischen Kriegspredigt gehen lassen. Dabei wird die Doppelbotschaft des letzten Satzes kaum vernommen: Die Furcht vor Gott und die mit ihr verknüpfte Vorstellung des göttlichen Gerichtes, dessen Urteil unerwartet ausfallen könnte. Darauf wird zurückzukommen sein.

Vor dem Hintergrund der damaligen Kriegsbegeisterung ist das Ergebnis der Studie des Freiburger Musikwissenschaftlers Michael Fischer nicht überraschend, der in seiner Dissertation gezeigt hat, wie der Luther-Choral „Ein feste Burg", insbesondere dessen letzte Zeile „Das Reich muss uns doch bleiben", in den Dienst der nationalen Kriegspropaganda gestellt wurde.[3]

Von dieser Studie einmal abgesehen, so fußen die eingangs zitierten Verlautbarungen und Einschätzungen auf einem Forschungsstand, der im Wesentlichen in den sechziger bis achtziger Jahren des 20. Jahrhunderts erarbeitet wurde. Wegweisend waren vor allem die Arbeiten von Günter Brakelmann[4] und Gerhard Besier[5]. Nun gibt es allerdings einige Anzeichen, die einen zweiten Blick auf die damaligen Predigten lohnend erscheinen lassen.

Einmal hat die neuere mentalitätsgeschichtliche Forschung nachgewiesen, wie tief verwurzelt die evangelische Theologie im nationalprotestantischen Denken gewesen ist und wie stark vorgängige Denk- und Verhaltensmuster auch die Theologien geprägt haben. Die Bindung des Protestantismus an Thron und Nation gehörte zu den unproblematisierten Bedingungen, die das Denken und das Handeln der Einzelnen dauerhaft prädisponierten.[6]

---

3   Vgl. MICHAEL FISCHER, Religion. Nation. Krieg. Der Lutherchoral "Ein feste Burg ist unser Gott" zwischen Befreiungskriegen und Erstem Weltkrieg, Münster 2014. Das in Anm. 2 zitierte zweibändige Werk Doehrings erlebte bis 1921 vier Auflagen (1914/15, 1917/18, 1919/1920, 1921) und wurde „durch vaterländische Zeugnisse" (so der hinzugefügte Untertitel) stets erweitert.

4   Vgl. GÜNTER BRAKELMANN, Protestantische Kriegstheologie im Ersten Weltkrieg. Reinhold Seeberg als Theologe des deutschen Imperialismus, Bielefeld 1974; GÜNTER BRAKELMANN, Der Kriegsprotestantismus 1870/71 und 1914–1918. Einige Anmerkungen, in: MANFRED GAILUS/ HARTMUT LEHMANN (Hrsg.), Nationalprotestantische Mentalitäten. Konturen, Entwicklungslinien und Umbrüche eines Weltbildes, Göttingen 2005, 103–114. Zu den älteren Arbeiten gehören auch KARL HAMMER, Deutsche Kriegstheologie (1870–1918), München 1971; HEINRICH MISALLA, Gott mit uns. Die katholische Kriegspredigt 1914–1918, München 1968; WILHELM PRESSEL, Die Kriegspredigt 1914–1918 in der evangelischen Kirche, Göttingen 1967.

5   Vgl. GERHARD BESIER, Die protestantischen Kirchen Europas im Ersten Weltkrieg. Ein Quellen- und Arbeitsbuch, Göttingen 1984.

6   Vgl. FRANK-MICHAEL KUHLEMANN, Protestantische ‚Traumatisierungen'. Zur Situationsanalyse nationaler Mentalitäten in Deutschland 1918/1919 und 1945/46, in: GAILUS/LEHMANN, Nationalprotestantische Mentalitäten (s. Anm. 4), 45–78. Erstmalig hat Lucius Kratzert die mentalitäts-

Zweitens, schon das Beispiel des zitierten Dom- und Hofpredigers Bruno Doehring zeigt, dass die von der EKD gezogene Linie von 1914 zu 1933 in der Nahoptik unscharf wird. Denn Doehring hatte sich trotz seines glühenden Nationalismus Anfang der dreißiger Jahre *gegen* den Nationalsozialismus gestellt, dem er eine Vergötzung des Rassedenkens vorwarf.[7] Nationalismus war damals nicht gleichbedeutend mit Nationalsozialismus. Gerade eine extrem konservative Theologie konnte kritische Reserven gegen die Hitler-Bewegung mobilisieren. Ein anderes Beispiel: Thomas Kaufmann hat in seiner Studie „Die Harnacks und die Seebergs. ,Nationalprotestantische Mentalitäten' im Spiegel zweier Theologenfamilien" gezeigt, wie das gemeinsame baltische Erbe sowie weitere mentale Gemeinsamkeiten 1914 zu einer gemeinsamen Affirmation der wilhelminischen Kriegspolitik geführt haben. Dahinter standen jedoch ganz unterschiedliche Theologien und Gesellschaftskonzepte, die auch bewirkt hatten, dass während der Weimarer Zeit der „modern-positive" Reinhold Seeberg (1859–1935) den Nationalsozialismus vehement begrüßt hat, während der liberale Adolf von Harnack (1851–1930) schon Mitte der 20er Jahre auf Distanz zur Hitlerbewegung gegangen ist.[8]

Schließlich muss bei der Bewertung der damaligen Aussagen viel stärker berücksichtigt werden, dass die Theologen der damaligen Zeit, ob Prediger oder Universitätstheologen, Staatsbeamte waren, die ihren Amtseid auf den Monarchen abgelegt hatten. Sie waren daher den deutschen Fürsten Gehorsam schuldig und zwar in deren Doppeleigenschaft, die ihnen als weltliche Herrscher (und mit Kriegsausbruch auch als kommandierende Generäle) und als geistliche Herrscher (nämlich als Landesbischöfe der evangelischen Kirchen) zukam. Sogar der Wortlaut der gottesdienstlichen Fürbittengebete wurde den Pastoren von den landesherrlichen Konsistorien vorgeschrieben. Anders gewendet: Die evangelischen Kirchen waren damals nicht so organisiert, dass sie eine kritische Gegenöffentlichkeit zur nationalen Kriegsbegeisterung hätten bilden können. Der deutsche Protestantismus bildete organisatorisch und inhaltlich seit 1871 so etwas wie die Zivilreligion

---

geschichtliche Prägung theologischer Entwürfe vergleichend untersucht in: Lucius Kratzert, Theologie zwischen Gesellschaft und Kirche. Zur nationalen Prägung von Gesellschaftslehren deutscher und schweizerischer Theologien im 20. Jahrhundert, Zürich 2013.

7   Vgl. Julius Schneider, Bruno Doehring und seine Predigt, Berlin 1965, 12–14; Vgl. Christoph Weiling, Die „Christlich-deutsche Bewegung". Eine Studie zum konservativen Protestantismus in der Weimarer Republik, Göttingen 1998, 51f. Weiling zeigt in dieser materialreichen Studie, dass der christlich-deutsche Konservativismus nicht ohne weiteres als Vorläufer oder Wegbereiter der deutsch-christlichen Nationalsozialisten bezeichnet werden kann (vgl. a.a.O., 329–332).

8   Vgl. Thomas Kaufmann, Die Harnacks und die Seebergs. „Nationalprotestantische Mentalitäten" im Spiegel zweier Theologenfamilien, in: Gailus/Lehmann, Nationalprotestantische (s. Anm. 4), 165–222, 214f.

des kleindeutschen Kaiserreiches, und daher ist es anachronistisch, aus der heutigen Sicht diejenige Position einzufordern, zu der man sich im deutschen Protestantismus erst nach dem Zweiten Weltkrieg in schwierigen Prozessen hat durchringen können.

Stellt man dies nun in Rechnung, dann ist der Dreiklang von Religion, Nation und Krieg im August 1914 erwartbar und – so sehr man sich aus heutiger Perspektive darüber entrüsten mag – in gewisser Weise unspektakulär. Die Kriegspredigten waren weniger „nationalreligiöse Verstärkung der offiziellen Kriegspropanda"[9] als vielmehr deren Ausdrucksgestalt. Gleichwohl gösse man das Kind mit dem Bade aus, wenn man die damaligen Prediger in einer mentalen „Langzeithaft"[10] sähe. Daher sollte es darum zu tun sein, unterhalb des Gewölbes der nationalprotestantischen Kriegsbegeisterung nach individuellen Entscheidungen und persönlichen Akzentsetzungen zu fragen. Danach freilich muss man auch suchen wollen und man darf sich den Blick auf solche Differenzierungen nicht durch die damals gängigen nationalreligiösen Pathosformeln verstellen lassen.

Diese Überlegungen waren Anlass dafür, Predigten aus den ersten beiden Kriegsjahren einer zweiten Lektüre zu unterziehen, um nach möglicherweise versteckten Vorbehalten und Hinweisen auf die friedensethische Tradition des Christentums zu suchen, die eben nicht im Vordergrund gestanden haben konnten, aber sich möglicherweise eben doch finden lassen. Denn dass das sittliche Ethos des Christentums *ganz* im Nationalchauvinismus eingeschmolzen worden sein soll, ist doch – bei nüchterner Einschätzung – recht unwahrscheinlich. Die sehr breit angelegte Sichtung von Predigten von prominenten und weithin unbekannten Predigern erfolgte im Rahmen einer von mir betreuten Master-Arbeit, auf deren Ergebnisse in Teil IV. eingegangen wird.[11] Voran steht eine Re-Lektüre von Beiträgen von nachmalig sehr prominenten Theologen, nämlich Emanuel Hirsch und Paul Tillich, die sich beide 1914 gedanklich und mit ihrer ganzen Person in den Dienst des Krieges gestellt, ihn aber mit sehr unterschiedlichen Konzepten reflektiert haben.

Um eines von vornherein klarzustellen: Es geht hier nicht darum zu zeigen, dass die protestantischen Prediger sich damals doch gegen den Krieg gestellt hätten. Das war nicht der Fall und konnte auch nicht der Fall sein. Vielmehr geht es, um einen Begriff aus der Fußballsprache zu benutzen, um den „zweiten Ball", d.h. um die

9   BRAKELMANN, Der Kriegsprotestantismus (s. Anm. 4), 110.

10   Vgl. KAUFMANN, Die Harnacks und die Seebergs (s. Anm. 8), 221.

11   Vgl. ANNA-MAREIKE POPPE, Friedensethische Impulse in ausgewählten Predigten während der ersten beiden Jahre im Ersten Weltkrieg, Master-Arbeit im Masterstudiengang Lehramt an Gymnasien im Teilstudiengang Evangelische Theologie, Osnabrück 2014.

Re-Lektüre der damaligen Texte mit dem Ziel, etwas mehr und anderes zu sehen als denjenigen Befund, der sich beim ersten Lesen aufdrängt, der den heutigen Leser abstößt und der ihn davon abhält, nachzusetzen und die Quellen differenziert zu beurteilen.[12]

II.

Emanuel Hirsch (1888–1972) war einer der führenden Köpfe der Evangelischen Theologie der zwanziger bis sechziger Jahre, stramm nationalistisch denkend, jedes Pazifismus unverdächtig[13] und später Vordenker der nationalsozialistischen Bewegung und enger Berater des Führungszirkels der NS-nahen Glaubensbewegung „Deutsche Christen."[14] Er schreibt als sechsundzwanzigjähriger Habilitand aus Anlass des Kriegsbeginns im August 1914 die kurze Besinnung „Unsere Frage an Gott", die er in der Zeitschrift „Evangelische Wahrheit" veröffentlicht und später in einer Predigt verwertet.[15]

Bemerkenswert ist, dass Hirsch den Krieg zunächst als über Deutschland verhängtes Schicksal beschreibt: „Der Krieg ist da, ohne unsern Willen."[16] Die Zustimmung und die Einstimmung in den Krieg sind nicht naturgegeben, sondern sittliche Akte, zu denen die Deutschen verpflichtet sind: „Nun er aber da ist, nun wollen wir ihn. Wir tun alle, was wir können, um unserm Vaterlande zum Sieg zu helfen, und fordern es von jedem, daß er seine ganze Kraft einsetze fürs bedrohte Ganze".[17]

---

12 Als positive Beispiele für diesen zweiten Blick auf die Personen und Texte der Kriegszeit können die Beiträge des Bausoldatenkongresses 2014 der Evangelischen Akademie Sachsen-Anhalt, Lutherstadt Wittenberg vom 5.–7.9.2014 gelten, der unter dem Titel „Friedenszeugnis ohne Gew(a)ehr – Die Kirche und der Krieg" stattfand (vgl. epd-Dokumentation vom 20. Januar 2015).

13 Vgl. zu Hirschs Kritik am Pazifismus: Andreas Holzbauer, Nation und Identität. Die politischen Theologien von Emanuel Hirsch, Friedrich Gogarten und Werner Elert in postmoderner Perspektive, Tübingen 2012, 75–83.

14 Vgl. Robert P. Ericksen, Theologen unter Hitler. Das Bündnis zwischen evangelischer Dogmatik und Nationalsozialismus (Gerhard Kittel, Paul Althaus und Emanuel Hirsch), München/Wien 1986.

15 Vgl. Emanuel Hirsch, Jakobs Kampf (1 Mose 32,8-14), in: Hans Martin Müller (Hrsg.), Emanuel Hirsch Gesammelte Werke, Bd. 37: Der Wille des Herrn (1914-1925), Waltrop 2001, 111–119. Vgl. zu Hirsch als Prediger: Martin Ohst, Emanuel Hirsch und die Predigt, in: Klaus Raschzok (Hrsg.), Zwischen Volk und Bekenntnis. Praktische Theologie im Dritten Reich, Leipzig 2000, 127–149.

16 Emanuel Hirsch, Unsere Frage an Gott, in: Evangelische Wahrheit. Hannoversche Halbmonatsschrift für religiöse und kulturelle Fragen der Gegenwart, 5 (1914), 370–372, 370.

17 Ebd.

Die Schicksalsmacht des Krieges wird kollektiv angeeignet. Dadurch wird der Krieg „unser Krieg", wie die Überschrift formuliert. Das darin liegende Sollen wird sodann religiös vertieft: „Und ferner, wir beten um den Sieg der deutschen Waffen, wir bitten wie einst die Psalmisten, daß Gott uns helfe wider unsere Feinde".[18]

Die Konstruiertheit dieser sittlich-religiösen Position wird im nächsten Satz deutlich, in dem die Überwindung des Egoismus und der eigenen Glückserwartungen ebenso gefordert wird wie das Wegsehen vom Leid, dessen Realität in seiner Negation mitschwingt:

> „Wir erheben uns über die eigene Person und Familie und überwinden den Gedanken an das bittre Leid, das wir erfahren werden. Wir denken noch viel weniger an das Leid, das wir über die Familien unserer Feinde bringen werden. Deutschland soll siegreich sein, um jeden Preis. Und doch, es ist etwas in uns, das aus anderm Geiste ist. Wir suchen es zu unterdrücken, es soll nicht laut werden. Aber plötzlich ist es doch da und lebendig, und dann spüren wir: es ist das Grauen. In manches ach so liebe Gesicht haben wir schauen müssen mit der stillen Frage, ob es wohl das letzte Mal gewesen. Viel edles Blut wird vergeudet. Manch feine zarte Herzensgüte wird dahin gegeben, die bestimmt schien, dereinst vielen Kraft und Trost zu geben. Manch hohe geistige Kraft wird vernichtet, ohne das haben leisten zu dürfen, wozu sie eigentlich berufen schien, und was an ihrer statt kein anderer zu tun vermag. Das ist das Werk des Krieges, und er tut noch mehr. Er macht die, die er nicht tötet, nur zu leicht grausam und roh. Wohl mag uns grauen, wenn wir an den Krieg denken."[19]

Der ganze Schrecken des Krieges steht mit diesen Worten vor Augen. Es wird dasjenige Sein beschrieben, das aus dem sittlich Gesollten entsteht. Daraus entwickelt Hirsch Einwände gegen die religiös-sittliche Legitimität des Krieges.

> „Ist der Krieg nicht ein einziges großes Verbrechen? Und wenn er das ist, wie dürfen wir dann mit ganzem Herzen und ganzem Willen beim Kriege sein? Höhnend hat man oft hingewiesen auf die Widersprüche, in die sich die Christen zu Kriegszeiten verwickelten. Sie wissen, daß Gott ein Gott des Friedens ist und ein Reich des Friedens und der Liebe auf dieser Erde aufrichten will – und segnen die, die hinausziehen aufs Schlachtfeld zum Morden. Sie wissen, daß Gott ein Gott der ganzen Welt ist, ein Gott der Welschen und der Slawen ebensogut wie der Deutschen – und bitten eben diesen Gott: Hilf unserem Volke, und nicht unseren Hassern. Auf solche Zweifel wollen wir eine Antwort suchen."[20]

---

18 Ebd.
19 A.a.O., 371.
20 Ebd.

Die Widersprüche, in die sich das christliche Ethos im Krieg verwickelt, werden herausgearbeitet und als Frage stilisiert. Und die Antwort auf diese Frage wird geschichtsphilosophisch gegeben. Hirsch geht von einem allgemeinen ewigen Recht eines jeden Volkes zum Kriege aus. Der Grund dafür ist anthropologischer Art. Der Mensch ist zwar wahrheitssuchend, aber irrtumsanfällig. Während im zwischenmenschlichen Bereich Streit und Widerstreit, die aus dem Antagonismus von Wahrheit und Irrtum erwachsen, schiedsgerichtlich entschieden und damit befriedet werden können, gilt das für die unmittelbar vor Gott stehenden Völker nicht: Denn die Völker „beanspruchen für sich eine Stelle im Weltenganzen, die ihrem Werte nicht entspricht, und zusammenstößt mit den Ansprüchen anderer Völker. Da ist denn Streit und Widerstreit die notwendige Folge. Solch Streit und Widerstreit kann aber nicht, wie der zwischen einzelnen, friedlich ausgetragen werden. Denn es gibt keine höchste Stelle, die entscheiden könnte, wer recht hat. So bleibt nur der Appell an die Waffen. Solch Appell an die Waffen ist ein Appell an Gott. Ein Volk, das zum Schwerte greift, fragt Gott, ob Gottes ewiger Plan mit der Menschheit dem Machtanspruch recht gibt, den es erhebt."[21]

Der Krieg ist also die Anrufung des göttlichen Weltgerichtes über Wahrheit und Irrtum im struggle of life der Nationen. Auf dieser Ebene gibt es keinen Kompromiss und kein Nachgeben: „Wo aber Großes auf dem Spiel steht, wo es sich darum handelt, welche Rolle ein Volk in der Weltgeschichte der Zukunft spielen soll, wo gar das die Frage ist, ob es überhaupt eine Rolle spielen, ob es fernerhin als selbständiges Volk existieren soll – da wäre es unsittlich, ungläubig, feige, nachzugeben. Wir können kein Volk achten, das nicht den Mut hat, sein Ganzes einzusetzen, wenn ihm sein Platz in der Geschichte streitig gemacht wird."[22]

Der mit dem Waffengang verbundene Appell an das göttliche Weltgericht verleiht der eingangs beschriebenen sittlich-religiösen Konstruktion ihre Wucht und dem Krieg seinen heiligen Charakter: „Darum gibt es nichts Heiligeres als einen Krieg, den ein Volk in diesem Geiste führt."[23] Dieser sittlich-religiöse Aufschwung schließt, das macht seine innere Reflektiertheit aus, das Bewusstsein des Scheitern-Könnens, die Möglichkeit der Kriegsniederlage ein: „In dem Geiste des Ernstes, der da weiß: Gott ist größer als jedes Volk, er kann gegen uns entscheiden."[24]

Die Möglichkeit einer Kriegsniederlage, die ja eine göttliche Verurteilung der deutschen Position wäre, führt nun nicht zum Zweifel an dieser Position – das entspräche unserer Haltung heute –, sondern dient zur Verstärkung des sittlich-

---

21 Ebd.
22 A.a.O., 372.
23 Ebd.
24 Ebd.

religiösen Appells: „Krieg ist ein Gottesurteil, aber nur das Volk hat das Recht, dieses Gottesurteil zu fordern, das bereit ist, sich nötigenfalls in diesem Kriege zu verbluten."[25] Das gilt auch für den Feind, der den Krieg auf der gleichen Legitimationsgrundlage führt. „Vielleicht ist es so, daß die Rolle, die nach ihrem Urteil ihnen Gott in der Geschichte zugewiesen hat, nur dann durchzuführen ist, wenn es kein Deutschland mehr gibt. Dann wäre auch auf ihrer Seite ein Recht, Gott zu fragen, ob sie irren."[26] Aber selbst diese Überlegung relativiert die Faszination am Krieg nicht, sondern wirkt abermals als Verstärker des sittlichen Appells an die Deutschen: „Darum wollen wir uns anspornen zu immer größerem Ernst und immer größerer Hingabe. [...] Wir [...] müssen mit Gott ringen bis zum letzten, wir müssen sprechen: ‚Ich lasse dich nicht, du segnest mich denn.' Wir ringen aber nur dann wahrhaft, wenn wir Gut und Blut einsetzen bis zum letzten Mann, [...] solang ein Tropfen Blut noch glüht."[27]

Die bei Hirsch hier erkennbare geschichtstheologische Deutung des Krieges ist im national gesinnten Protestantismus seit den Befreiungskriegen präsent. 1813 finden wir eine Synthese aus preußischem Patriotismus, nationaler Einheitsbestrebung auf der Basis bürgerlicher Emanzipation und der Furcht vor einer Re-Katholisierung Europas durch Napoleon. Daher wurde schon damals von einem „heiligen Krieg" gesprochen.[28] In den Kriegen 1866 und 1870/71 sollte Gott den Katholizismus aus der deutschen Reichsidee entfernen, die Anmaßungen des katholischen Frankreich bestrafen und über die Gründung eines protestantischen Reiches entscheiden.[29] Diesen Topos greift Hirsch auf, wenn er den Krieg als „Unsere Frage an Gott" beschreibt und zur Voraussetzung des ersehnten Gottesurteils die Mobilisierung aller religiösen und sittlichen Kräfte verlangt. Jetzt, im Jahr 1914, hat das göttliche Gericht über die besondere Sendung Deutschlands in der Geschichte zu entscheiden.[30] Diesem Anliegen werden alle Kräfte untergeordnet, die konfessio-

---

25 Ebd.

26 Ebd.

27 Ebd.

28 Vgl. Arnulf von Scheliha, „[...] die Verletzung des Buchstabens nicht achtend, [...] wahrhaft im Sinn und Geist des Königs handelnd". Friedrich Schleiermacher als politischer Prediger, in: Michael Pietsch/Dirk Schmid (Hrsg.), Geist und Buchstabe. Interpretations- und Transformationsprozesse innerhalb des Christentums, Berlin/Boston 2013, 155–175.

29 Vgl. Frank Becker, Protestantische Euphorien 1870/71, 1914 und 1933, in: Gailus/Lehmann, Nationalprotestantische (s. Anm. 4), 19–44.

30 Diese Position vertritt auch Karl Holl in seinem Aufsatz „Luthers Anschauung über Evangelium, Krieg und Aufgabe der Kirche" aus dem Jahre 1917. Er fügt hinzu, dass der Ausgang des Krieges kein ewiges Gottesgericht ist, sondern „daß Gott jetzt diesem Volk den weiteren Raum für sein Ausleben gewährt. Für wie lange und warum zuletzt, das bleibt sein Geheimnis."

nellen Fragen spielen keine Rolle mehr,[31] Fragen der politischen Partizipation sind weggeblendet. Es geht nurmehr um die weltpolitische Rolle Deutschlands. Die Bedingungslosigkeit, mit der Glaube und Ethos für dieses Ziel mobilisiert werden, vergrößert die Fallhöhe, die offen thematisiert wird. Das Risiko des Scheiterns wird unumwunden ausgesprochen. Faszination und Schrecken des Krieges werden hier im Rückgriff auf den völkischen Darwinismus in gleicher Weise ausgemalt.[32] Auffällig ist übrigens, dass nur wenige christliche Theologumena gebraucht werden, biblische Bezüge finden sich nur mit Blick auf das Alte Testament. Dieser Text ist ein religiös-sittlicher Traktat auf hohem Abstraktions- und Reflexionsniveau – keine einfache „Hurra-Theologie".

III.

Paul Tillich (1886–1965) teilt die nationalprotestantische Kriegsbegeisterung seines Freundes Emanuel Hirsch und meldet sich im September 1914 freiwillig zum Dienst als Feldgeistlicher, wird der 7. Reserve-Division als Feldprediger zugewiesen und versieht seit Oktober 1914 sein Amt an der französischen Westfront.[33] Auch in seinen Predigten, die 1994 ediert wurden, finden sich diejenigen nationalreligiösen Pathos-

---

(HOLL, K., Gesammelte Aufsätze zur Kirchengeschichte, Bd. 3: Der Westen, Tübingen 1928, 147–170, 162f.). Das Ziel, nämlich der im Krieg ausgetragene Kampf um die Stellung Deutschlands in der Völkerwelt, begründet auch die Opfer, die von den Soldaten und der Bevölkerung im Krieg erwartet werden. Dieses Opfer entspricht in Abschattung dem Opfer, das Jesus Christus auf Golgatha erbracht hat. Diese christologische Begründung des Opfers war damals gängig. Deutungsoffen war, ob daraus auch – wie bei Tillich – ein Versöhnung stiftender Impuls entwickelt wurde, oder ob sie – wie beim Prediger Friedrich Lahusen (1900–1961) in der Berliner Dreifaltigkeitskirche an Karfreitag 1915 – zur Verstärkung des Aufopferungswillens der Menschen genutzt wurde (Vgl. FRIEDRICH LAHUSEN, Es ist vollbracht. Predigt für unsere Brüder im Feld zum Karfreitag 1915, Berlin 1915, 8).

31 Dieser Sachverhalt drückt sich exemplarisch im Vorwort der Predigtsammlung „Ein feste Burg" (vgl. Anm. 2) aus. Der Krieg habe „unserem Volke ganz außerordentliche Impulse gebracht [...]. Unser Christusglaube hat sich bewährt weit über die Grenz der Konfession hinaus." (BRUNO DOEHRING, Zur Einführung, in: BRUNO DOEHRING, Predigten (s. Anm. 2), III–IV, III). Eine katholische Predigt findet sich in der Sammlung allerdings nicht.

32 Die ungeschminkte Darstellung der Zerstörung, des Grauens und der Kriegsverluste durchzieht auch Hirschs Predigten aus dem Jahre 1917, in dem er als Stadtvikar in der südbadischen Stadt Schopfheim tätig war. Vgl. dazu die umfassende Analyse von Martin Ohst, Kriegserfahrung und Gottesglaube. Zu den ,Schopfheimer Predigten' (1917) von Emanuel Hirsch, in: GUDRUN LITZ/ HEIDRUN MUNZERT/ROLAND LITZ (Hrsg.), Frömmigkeit – Theologie – Frömmigkeitstheologie. Contributions to European Church History, Leiden/Boston 2005, 731–746.

33 Vgl. WERNER SCHÜSSLER/ERDMANN STURM, Paul Tillich. Leben – Werk – Wirkung, Darmstadt 2007, 8f.

formeln, mit denen die Soldaten auf die Kriegsziele eingeschworen und zum Einsatz ihres Lebens im Kampf für die gerechte Sache motiviert werden:

„Als Vaterlandskämpfer sind wir in den Krieg gezogen, und die Krone, die wir erringen wollen, ist der Sieg unserer deutschen Waffen. Die Siegeskrone wollen wir erstreiten gegen eine Welt von Feinden. Deutschland soll größer werden; Deutschlands Größe ist der Kranz, den jedes deutsche Haupt zieren soll. Niemand aber, sagt der Apostel, wird gekrönt, er kämpfe denn recht. Ein Dreifaches ist es nun, was zum rechten Kampf gehört: Man muß den Gegner kennen [...]. Das ist das erste. Und man muß selbst die rechten Waffen haben und die rechten Führer, die sie benutzen können. Das ist das zweite. Und man muß standhalten bis zum letzten Blutstropfen und nur einen Gedanken haben, den Sieg. Das ist das dritte."[34] Diese Passage findet sich in der zweiten überlieferten Kriegspredigt, die Tillich gleich im Oktober 1914 gehalten hat. Auch in den anderen Predigten wird die Zustimmung zu den Kriegszielen religiös verklärt. „Offenbar und jedem Auge sichtbar hat Gott an uns gehandelt im Donner siegreicher Schlachten."[35] Der Weltkrieg gilt als „heiliger Krieg"[36], das Christentum als „Schwert-Religion"[37]

Aber bei Tillich findet sich die geschichtstheologische Gesamtdeutung des Krieges nicht. Vielmehr lenkt Tillich den theologischen Gedanken gewissermaßen von außen nach innen und thematisiert die existenzielle Dimension des Krieges. In der bereits zitierten Predigt wird dieses „Man muß den Feind kennen" als Suche nach den inneren Feinden durchgeführt. Als solche benennt Tillich die „Zuchtlosigkeit", die „Unreinheit" und die „Selbstsucht", die mit den „Waffen" der „Furcht Gottes", des „Gebetes" und der „Gemeinschaft mit Gott" bekämpft werden. Die Beschreibung der zwischen den Polen sich einstellende Dialektik des Seelenlebens nimmt den größten Raum der Predigt ein und erst ganz am Ende wird diese innere Dialektik wieder auf die Kriegssituation zurückbezogen: „Vaterlandskämpfer sind wir und Gotteskämpfer. Um eine irdische Krone ringen wir und um eine ewige. Die irdische ist aber nur etwas wert durch die ewige. Rechte Vaterlandskämpfer sind immer rechte Gotteskämpfer. Doch das Vaterland kann nur gekrönt werden,

---

34 PAUL TILLICH, 2. Tim 2,5: Und so jemand auch kämpft, wird er doch nicht gekrönt, er kämpfe denn recht (1914, Oktober), in: ERDMANN STURM (Hrsg.), Paul Tillich. Frühe Predigten (1909–1918). GW, Erg.- Bd. VII, Berlin 1994, 359–361, 359f.

35 PAUL TILLICH, Ps 126,3: Der Herr hat Großes an uns getan; des sind wir fröhlich (1915, 1. August), in: STURM, Predigten (s. Anm. 34), 402–405, 403.

36 PAUL TILLICH, Mt 10,34: Ihr sollt nicht wähnen, daß ich gekommen sei Frieden zu senden auf die Erde. Ich bin nicht gekommen Frieden zu senden, sondern das Schwert (1915, Ende August/Anfang September), in: STURM, Predigten (s. Anm. 34), 405–408, 406.

37 A.a.O., 408.

wenn Gott es krönt. Darum wohlan, Kriegskameraden, auf den Feind und recht gekämpft, heut und allezeit. Amen."[38] In diesem Zitat ist die Gerichtsidee noch schwach präsent: „wenn Gott es krönt". Und vordergründig findet sich die erwartete Einstimmung der Soldaten auf den Krieg: „Rechte Vaterlandskämpfer sind immer rechte Gotteskämpfer." Das ist ein Satz, der auch umgekehrt gelten soll. Aber zugleich klingt auch eine Differenz an, wenn Tillich sagt: „Die irdische [Krone] ist aber nur etwas wert durch die ewige." Das Erreichen der Kriegsziele ist gebunden an Gottes Willen und an das Ethos, das aus dem Glauben an diesen Gott folgt und um den es vor allem zu ringen gilt.

Um die Beschreibung dieser Differenz ist es Tillich in seinen Predigten vor allem zu tun und deshalb ist es ihm möglich, unterhalb der nationalprotestantischen Kriegszustimmung zugleich das auf Pazifizierung angelegte Ethos des Glaubens zur Geltung zu bringen und unumwunden auszusprechen. Daher greift auch Tillich den Gerichtsgedanken auf. Er verwendet ihn bisweilen so wie Hirsch: Im Krieg wird um das Urteil Gottes gestritten. Zu diesem Zweck führen die Völker das Schwert Jesu Christi. Aber die eigentliche Pointe besteht in Tillichs Predigten darin, dass dieser Krieg *selbst* das Gericht Gottes *vollzieht*: „Nun ist das Schwert und das Gericht da, auch über uns. Aber seht, nicht die Schlechtesten trifft es, sondern die Besten, die, die ihr Leben hingaben in Begeisterung und Heldenmut, die, die aufgewachsen sind in Kraft und Pflichterfüllung, die fordert das Schwert Christi in diesen Tagen. Das Opfer der Besten, das ist das Gericht über unser Volk, das ist das heilige unbegreifliche, tiefe Opfer, das in vollkommener Weise gebracht ist auf Golgatha, das fort und fort gebracht wird von allen, die Leib und Leben hingaben für die Brüder."[39] In diesem Zitat ermöglicht der Gerichtsgedanke die Thematisierung und Verinnerlichung der Kriegs-Leiden, die alle Menschen erreicht. Eine ethische Lösung gibt Tillich nicht. Vielmehr wird mit dem Hinweis auf Golgatha die uneinholbare Negativität, die mit dem Krieg verbunden ist, christologisch ausgeleuchtet.[40]

Diese Negativität hat Tillich in seiner Karfreitagspredigt 1915 entschränkt und als gemeinsamen Seufzer der Soldaten aller Völker im Anschluss an den Vers Joh 19,28 „Mich dürstet" gedeutet. Er bringt damit den christologisch vermittelten

---

38 TILLICH, 2. Tim 2,5, in: STURM, Predigten (s. Anm. 34), 361.

39 TILLICH, Mt 10,34, in: STURM, Predigten (s. Anm. 34), 407f.

40 Als soteriologisches Motiv klingt häufig „Ruhe" und „Stille" an, die im Gebet gesucht und gefunden werden. Vgl. ERDMANN STURM, Die Gebetstheologie des frühen Paul Tillich, in: WERNER SCHÜSSLER/A. JAMES REIMER (Hrsg.), Das Gebet als Grundakt des Glaubens. Philosophisch-theologische Überlegungen zum Gebetsverständnis Paul Tillichs. Tillich Studien – Beihefte, Bd. 2, Münster 2004, 77–107, 94–96.

Gedanken der Verbundenheit aller Menschen im Durst nach Leben zur Geltung: „Liebe Kriegskameraden! Wenn ein Verwundeter auf dem Schlachtfeld Stunden, vielleicht Tage liegt, dann ist es nicht der Schmerz seiner Wunde, dann ist es nicht die Furcht, vergessen zu werden, dann ist es nicht der Gedanke an den Tod, der ihn quält, sondern aus dem Ruf: Mich dürstet, gebt Wasser! klingt seine ganze Qual. Und wer im Geiste über den Kampfplatz geht, auf dem Menschenseelen kämpfen, bluten und sterben, ‚kann' denselben Ruf in tausend Formen vernehmen. Mich dürstet, so schreit die Menschenseele zu allen Zeiten, in allen Völkern, so schreit auch unsere Seele."[41]

In eindrucksvoller Weise zeichnet Tillich hier die geistige Verbindung aller im Krieg leidenden Menschen nach und lässt dies so stehen. – Die *ethische* Seite dieser Verbindung aller Menschen bringt er an ganz anderer Stelle zur Geltung:

> „Feindesliebe ist der Triumph der Liebe. [...] wir hassen nicht den einzelnen, wir hassen den Volkswillen, der sich gegen uns erhoben hat, uns zu unterdrücken, wir hassen die Mächte der Bosheit, des Neides etc., durch welche die edleren Eigenschaften auch der uns feindlichen Völker zurückgesunken und verdunkelt werden. Es ist die Kehrseite jeder Liebe, daß sie die Bosheit und Lieblosigkeit ablösen und bekämpfen muß. Liebe ist [...] Verzeihung und Wiederherstellung einer höheren besseren Gemeinschaft, in der die Bosheit überwunden und die Liebe triumphiert, und die Herstellung einer solchen Gemeinschaft der Liebe unter den Menschen und Völkern, d.h. das Reich Gottes ist auch das letzte Ziel dieses Kampfes."[42]

Man sieht an diesem Zitat, wie die Beschreibung des Kampfes der christlichen Liebe gegen die inneren und äußeren Feinde zur Vision einer friedlichen Gemeinschaft aller Völker im Reich Gottes führt, die jeden sozialdarwinistischen Gedanken fernhält. Dazu gehört auch die Mäßigung der Hetzpropaganda: „Hüten wir uns vor dem Haß, daß uns nicht das Richtschwert aus der Hand genommen werde, weil wir parteiisch geworden sind und der Haß uns blind gemacht hat! Vermeiden wir Worte, in denen die Flamme des Hasses lodert, sie verbrennt uns selbst und macht kalte Asche aus der Glut der Begeisterung [...] Der Haß ist fremd unserem deutschen Gemüt, möge er uns immer fremd bleiben."[43] Die Kritik an der Hassrede ist zugleich ein Plädoyer für die Versachlichung des Krieges und das bereitet die auf den Krieg folgende Versöhnung der Kriegsparteien vor.

---

41 PAUL TILLICH, Joh 19,28: Mich dürstet, in: STURM, Predigten (s. Anm. 34), 394-396, 395.

42 PAUL TILLICH, 1. Kor 13,8: Die Liebe höret nimmer auf, so doch die Weissagungen aufhören werden und die Sprachen aufhören werden und die Erkenntnis aufhören wird, in: STURM, Predigten (s. Anm. 34), 380–382, 382.

43 Tillich, Mt 10,34, in: STURM, Predigten (s. Anm. 34), 407.

Man kann den Beispielen Hirsch und Tillich entnehmen, wie unterhalb der ge-
teilten nationalprotestantischen Mentalität und der mit ihr verknüpften Kriegszustimmung, die keineswegs auf die Geistlichen der evangelischen Kirchen beschränkt war, ganz unterschiedliche theologische Konzepte zur Verarbeitung
entwickelt werden. Beide Konzepte gehen von einer realistischen Wahrnehmung
des Krieges aus, dessen grauenhafte Folgen ausgesprochen werden. Während
Hirsch der möglichen Resignation mit geschichtsphilosophisch begründeten
religiös-ethischen Appellen entgegentritt, arbeitet Tillich der Überwindung des
Krieges entgegen und bringt das auf Versöhnung und Frieden zielende christliche
Ethos zur Sprache, das allerdings vom Einzelnen her wirksam werden soll.

IV.

In diesem Teil soll nun auf die Ergebnisse der oben genannten Master-Arbeit eingegangen werden, in der 268 Predigten bekannter und unbekannter Theologen aus den
ersten beiden Kriegsjahren auf friedensethische Impulse hin untersucht wurden.
Zunächst sind folgende grundlegenden Ergebnisse dieser Sichtung festzuhalten:
    Die Prediger sehen – den allgemeinen Vorgaben gemäß – den Krieg als Vertei-
digungskrieg an, der den Deutschen von den Gegnern aufgenötigt wurde. Damit
wähnen sie sich sämtlich in dem von Martin Luther vorgegebenen ethischen Rahmen für den legitimen „Notkrieg", wie es in der Schrift „Ob Kriegsleute auch im se-
ligen Stande sein können" heißt.[44] Daher unterstreichen sie seine religiös-sittliche
Legitimität und bejahen die öffentlich ausgegebenen Kriegsziele. Sie verstehen ihre
Predigten als geistliche Unterstützung angesichts der Entbehrungen und des Lei-
des, die die Kriegshandlungen für die Zivilbevölkerung bedeuteten.
    In 70 Predigten, das sind gut ein Viertel aller untersuchten Predigten, sind klare,
unterschiedlich akzentuierte friedensethische Impulse erkennbar. Appelle, die auf
ein unmittelbares Ende der Kampfhandlungen zielen, finden sich nicht.

Welche friedensethischen Impulse lassen sich finden? Der Befund wurde in sechs
unterschiedliche Themen klassifiziert, die nun, versehen mit kurzen Textbeispie-
len, vorgestellt werden.

---

44 Vgl. Martin Luther, Ob Kriegsleute auch in seligem Stande sein können, in: Angelika Dörfler-
    Dierken/Matthias Rogg (Hrsg.), Martin Luther. Ob Kriegsleute auch in seligem Stande sein
    können, Delitzsch 2014, 55.

Erstens, Appelle zum Frieden. Förmliche Appelle zum Frieden finden sich gehäuft erst seit dem Krisenjahr 1916. In den ersten beiden Kriegsjahren sind sie ausgesprochen rar. Das hängt nicht nur mit der positiven Kriegsstimmung zusammen, sondern auch damit, dass in diesem frühen Stadium der öffentlich artikulierte Wunsch nach Frieden als Zeichen der Schwäche, gar der Zersetzung hätte gedeutet werden können. Dennoch finden sich solche Friedensappelle. Als Beispiel sei auf eine Predigt des Danziger Konsistorialrats Paul Kalweit (1867–1944) verwiesen, in dessen Predigt vom Erntedankfest 1914 sich folgende Formulierung findet:

> „Aber wir Christen sollen uns schon jetzt mit einem starken Willen zum Frieden erfüllen. [...] Aber das soll unsere Mission sein, daß wir [...] für den Frieden der Menschen untereinander sorgen. [...] Wann [sic!] der Friede kommt, dann werden die Völker, die jetzt in so harter Feindschaft gegeneinander stehen, wieder daran denken müssen, miteinander zu verkehren. [...] da hat das Christentum eine *große heilige Arbeit* ganz von vorne wieder anzufangen. [...] So soll auch in dieser Zeit Christus der Friede der Völker werden. [...] Über alles, was an Groll und auch an berechtigtem Zorn in unsrer Seele lebt, müssen wir zuletzt hinwegkommen."[45]

Den Blick über den Krieg hinaus wagt auch der Reutlinger Dekan Gotthilf Herzog (1858–1923) am 16. August 1914. Weil der Krieg den Deutschen aufgenötigt worden sei, habe man „mit reiner Hand und nur notgedrungen zum Schwert gegriffen"[46]:

> Aber wir „wollen [...] uns auch dies gute Gewissen bewahren, wollen den Krieg führen mit allem Ernst und Nachdruck, wie ein Krieg geführt werden muß, wenn ein ehrenhafter und dauernder Friede daraus hervorgehen soll, aber doch eben im Blick auf den zu erringenden Frieden, nicht in unversöhnlichem Haß gegen die andern Völker, vollends nicht in Unbarmherzigkeit gegen die einzelnen fremden Volksangehörigen, vielmehr mit voller Bereitschaft zur Wiederanknüpfung friedlicher Beziehungen. Und selbst denen gegenüber, die die letzte und schwerste Verantwortung an diesem männermordenden Kriege tragen, möge das Wort vom Kreuz herab nicht vergeblich für uns gesprochen sein: Vater vergib ihnen, denn sie wissen nicht, was sie tun!"[47]

---

45 PAUL KALWEIT, Erntefest im Krieg. Predigt am Erntedankfest (vom 4. Oktober 1914), in: PAUL WURSTER (Hrsg.), Kriegspredigten aus dem großen Krieg 1914 und 1915, Stuttgart ³1915, 249–268, 258–261 (Hervorhebung im Original).

46 GOTTHILF HERZOG, Völkerkarfreitag. Predigt am 10. Sonntag nach Trinit. den 16. August 1914, in: WURSTER, Kriegspredigten (s. Anm. 45), 105–119, 115.

47 A.a.O., 115f.

Man beachte die inklusive Formulierung im letzten Satz vor dem Zitat von Lk 23,14, aus der hervorgeht, dass die Verantwortlichen für den Krieg nicht nur im Lager der Gegner zu suchen sind.

Ein *zweiter* friedensethischer Impuls ist der Verweis auf das Gebot der Nächstenliebe, das in den Kriegspredigten auf den gegnerischen Soldaten angewendet werden soll. Dieser Aspekt findet sich wiederholt in den Predigten von Paul Tillich. Hier sei ein Zitat aus einer Predigt von Arthur Titius (1864–1934) wiedergegeben, damals liberaler Systematischer Theologe an der Universität Göttingen, ab 1921 in Berlin. In einer Predigt vom 9. August 1914 appelliert er: „Nehmen wir uns in brüderlicher Hilfe unserer Feinde an, wenn sie verwundet oder krank auf uns angewiesen sein werden. Wir vertrauen darauf, daß auch der Krieg selbst von allen unsern Volksgenossen im Geiste jener echten Ritterlichkeit und Menschlichkeit geführt wird."[48]

Um einen solchen *mos in bello* geht es auch in vielen anderen Predigten, in denen das Gebot der Nächsten- und Feindesliebe sowie die Gegenseitigkeitsregel nach Mt 7,12 eingeschärft wird. Als Beispiel sei der Werningeroder Pastor Lic. Dr. Zimmer[49] zitiert: „Aber halten wir uns als Christen, erbitten wir uns immer wieder die Sanftmut, die nicht Lüge mit Übertreibung, Haß mit Haß, Gift mit Gift vergilt, sondern mit berechtigtem heiligen Zorn doch noch die Liebe verbindet, die auch die Feinde in Christo als Brüder erkennt und trägt."[50] Mit diesen Worten beschreibt der Prediger die Gratwanderung zwischen Kampf gegen den Feind und dem Gebot der Nächstenliebe, die der christliche Soldat zu unternehmen hat.

Eine Vertiefung dieses Gedankens findet sich, *drittens*, dort, wo einige Prediger auf das personale Leben der Kriegsgegner reflektieren und das Feindbild dekonstruieren. Dabei bezieht sich der Prediger (und nachmalige Prälat in Ulm) Walther Buder (1878–1961) auf die Idee der Gleichheit aller Menschen, die er eschatologisch einführt. In den Worten seiner Himmelfahrtspredigt von 1915 schwingt bereits etwas Resignation mit:

> „Auch wir vergehen, so zeigt's uns der Krieg. Aber all diesem Vergehen zum Trotz: es gibt eine ewige Heimat! Ein Ziel, zu dem wir alle wandern. ‚Himmel' sagen wir mit dem uralten Gleichnis. Wir wissen ja alle gut, daß wir nicht den sichtbaren Himmel meinen. [...] Sondern daß der Himmel unseres Glaubens eine geistige

---

48 Arthur Titius, Vaterländische und göttliche Begeisterung. Predigt am 9. August 1914, Göttingen 1914, 7.

49 Lebensdaten konnten nicht ermittelt werden.

50 Friedrich Zimmer, Jesus unser Tröster. Predigt über Matth. 11, 28–30, in: Doehring, Predigten (s. Anm. 2), 295–303, 301.

Welt ist, die Welt Gottes, in der unsere Seele daheim ist."[51] Dass Buder mit „alle"
auch die Feinde einbezieht, wird wenig später deutlich: „In der ewigen Heimat ist
für alle Platz. [...] Und in der Heimat werden wir uns dann besser verstehen als jetzt
in der Fremde."[52]

Auf eindrucksvolle Weise wird dieser Gedanke von dem Neustrelitzer Pastor Karl
Horn (1869–1942) durchgeführt. In seiner Predigt „Deine Toten leben länger" vom
22.11.1914 schildert er folgende Situation, die Schrecken und Faszination des Krieges
deutlich werden lässt:

> „Ein russischer und ein deutscher Soldat, beide verirrt, stehen plötzlich in einem
> ostpreußischen Walde einander dicht gegenüber; der Russe fährt mit seiner Hand
> in die Brusttasche, der Deutsche vermutet irgendeine heimliche Waffe des Anderen,
> schießt ihn nieder und findet dann in der erstarrten Hand des Toten das Bild seiner
> Frau und seiner sechs Kinder. Das hatte der Russe hervorziehen und damit sagen
> wollen: um dieser willen – erbarme dich meiner!"[53]

Durch diese Erzählung wird der Gegner zum Menschen. Er ist nicht nur „Objekt"
der Nächstenliebe, sondern steht mit dem eigenen Leben vor der Gemeinde. Die
moralische Dilemma-Situation wird deutlich. Die Kriegshandlungen insgesamt
stehen im Zwielicht. Die Schuld verdunkelt das christliche Ethos, das nur indirekt,
man könnte sagen: kontrafaktisch, aber rhetorisch höchst wirkungsvoll zur Geltung gebracht wird.

Diese Dekonstruktion des Feindbildes wird nun, *viertens*, moralisch gewendet
durch eine Kritik an Hassreden und -predigten, deren tiefster Grund die allgemeine Verstrickung in einen Schuldzusammenhang ist, der den Krieg heraufgeführt
hat. In einer Predigt von Paul Wurster (1860–1923), seit 1907 Professor für Praktische
Theologie an der Universität Tübingen, heißt es:

> „Und wen wollen wir eigentlich hassen, die Anstifter alles des Jammers, die das Blut
> so vieler auf dem Gewissen haben, oder die betrogenen und verführten Millionen,
> die hineingepeitscht werden in den Haß gegen uns? Ist Gott nicht auch der Vater
> dieser Völker, die jetzt gegen uns stehen? [...] Vergessen wir [...] nicht, daß Jesus ge-
> kommen ist, *die sündige Menschheit zu befreien*. Sie selber kann es nicht; das wird jetzt

---

51 WALTHER BUDER, Himmelfahrtsfest. Joh. 14,1-6 (Predigt von 1915), in: WALTHER BUDER (Hrsg.),
    Gute Ritterschaft. Zwölf Predigten 1914-1916, Stuttgart 1916, 41.

52 A.a.O., 44.

53 KARL HORN, Deine Toten leben. Predigt am Totensonntag, dem 22.November 1914, in der Schloß-
    kirche zu Neustrelitz, Neustrelitz ²1914, 6.

aller Welt kund. Er kommt, auch unter den Völkern, die heute unsere Gegner sind, sich sein Volk zu sammeln. [...] Darum wollen wir die Herzen *frei* halten *von blindem Haß gegen ganze Völker.*"[54]

In diesem Zitat wird die problematische Rolle der Kriegspropaganda angesprochen. Die Völker werden in den Hass hineingezogen. Dagegen steht die Versöhnungstat Christi, die allen Menschen gilt. Aus der Solidarität der Sünder und der zum Krieg verführten Menschen folgte der Appell, den Hass zu überwinden.

Den Gedanken der allgemeinen Schuldverstrickung greift auch der Ulmer Prälat Heinrich von Planck (1852–1931) in einer Predigt vom 25. Oktober 1914 auf:

> „Es handelt sich nicht bloß um die Schuld des einzelnen, auf jedem lastet auch ein Teil der Gesamtschuld. Das verstehen wir vortrefflich bei unseren Feinden. Wenn ein Franzose zu uns sagte: ich bin doch ganz unschuldig an diesem furchtbaren Krieg, ich habe ihn nicht gewollt, so würden wir ihm erwidern: bist Du dem Größenwahn Deines Volkes [...] *entgegengetreten?* Und wenn einem Engländer die Augen aufgingen und er sähe, wie seine Regierung ihn belogen hat – könnte er [...] alle Schuld auf die Anstifter und Hetzer und Lügner wälzen? [...] Ihr jetzt betrogenen Leute seid mit Schuld, daß die Lüge eine solche Macht werden konnte; [...] So nun auch *wir* in unserem Teil. Wir haben vielleicht nicht mitgetan, wenn göttliche und menschliche Obrigkeit in den Staub gezogen [...], wenn Unkeuschheit und Sittenlosigkeit sich frech hervordrängten, aber wir sind nicht klar und tapfer genug dawider aufgetreten [...] und tragen so auch mit unser Teil an der Gesamtschuld unseres Volkes, darum Gott auch uns hat züchtigen müssen."[55]

Man sieht an diesem Zitat sehr gut, wie hier im Rückgriff auf die Gerichtsvorstellung die dunkle Seite des Krieges thematisch wird: Die schuldhafte Mitverantwortung an den Ursachen des Krieges, die Verstrickung aller Menschen auf allen Seiten. Wie bei Tillich ist der Krieg hier nicht der Wettstreit um das göttliche Urteil, sondern als dessen Vollstreckung gedeutet, mit dem die Schuld der Menschen vergolten wird.

Ein *fünfter* friedensethischer Impuls ist die Kritik an der Idee, dass das Deutsche Reich von Gott zu einer besonderen Sendung erwählt wurde. Diese Idee hatte Hirsch ja als legitimen Kriegsgrund ausgewiesen. Die Kritik an dieser Erwählungsidee wird in einer Weihnachtspredigt vom Felddivisionspfarrer Bernhard Friedrich Wilhelm Rogge (1831–1919) deutlich ausgesprochen: „Es sei ferne von uns, unser deutsches Volk [...] für das von Gott allein ausgewählte zu halten. Davor bewahrt

---

54 Paul Wurster, Predigt am Christfest 1914 über Eph 3,14-19, in: Wurster, Kriegspredigten (s. Anm. 45), 448–458, 456f. (Hervorhebung im Original).

55 Heinrich von Planck, Predigt gehalten am 25. Oktober 1914, in: Wurster, Kriegspredigten (s. Anm. 45), 407–424, 409f. (Hervorhebung im Original).

uns schon die Weihnachtsbotschaft von der großen Freude, die allem Volke wider-
fahren wird [...], im neutestamentlichen Sinne auf alle Völker, auch auf die unserer
Feinde auszudehnen."[56]

Die hier angedeutete Selbstkritik wird von anderen Predigern noch deutlicher
artikuliert. Bei diesem *sechsten* friedensethischen Impuls geht es um das Einge-
ständnis, dass das Christentum sittlich versagt und mit diesem Versagen über
Europa eine Tragödie verhängt habe. Es wird vom Leipziger Dogmatikprofessor
Ludwig Ihmels (1858–1933) unmissverständlich vorgetragen. „Daß mitten in der
Christenheit noch immer so etwas wie dieser furchtbare Krieg möglich ist, bedeutet eine schwere Anklage gegen die gesamte Christenheit, und niemand soll –
trotz des guten Gewissens unseres Volkes – selbstzufrieden dieser Anklage sich
entziehen."[57] Der Begriff „Anklage" spielt auf die Gerichtsvorstellung an, die wiederum die hier wie anderwärts beschworene Redeweise vom „guten Gewissen" des
deutschen Volkes unterläuft oder doch relativiert, wenn „Selbstzufriedenheit" un-
zulässig sein soll.

In einer Adventpredigt von Ihmels heißt es 1915:

> „Aber [...] so erleben wir zugleich [...] mit elementarer Gewalt, welche Unnatur es
> ist, wenn zivilisierte Völker, ja christliche Nationen gegenseitig sich morden. Wenn
> wir den Trümmerhaufen ansehen, in dem die Menschheit heute wertvollste äuße-
> re und innere Güte zu begraben scheint, den Trümmerhaufen, in dem besonders
> auch soviel sittliches Kapital an gegenseitigem Vertrauen und gegenseitigem Dienst
> verscharrt wird, so muß wohl die heiße Sehnsucht in uns aufsteigen, daß der Krieg
> aus der Menschheit verschwinde und die Menschen nur in gegenseitigem Dienst
> wetteifern."[58]

Dieser Mischung aus christlicher Selbstkritik und Hoffnung braucht man nichts
hinzuzufügen. Mit ihr ist man so gut wie im gegenwärtigen Diskurs angelangt, aber
es lohnt sich darauf hinzuweisen, dass sie schon in den ersten beiden Kriegsjahren
ausgesprochen und mutmaßlich von den Hörerinnen und Hörern zustimmend
vernommen wurde.

---

56 BERNHARD FRIEDRICH WILHELM ROGGE, Lasset uns gehen gen Bethlehem, in: BRUNO
    DOEHRING, Ein feste Burg. Predigten und Reden aus eherner Zeit zum Besten der Nationalstif-
    tung für die Hinterbliebenen der im Kriege Gefallenen, Bd. 2, Berlin 1914, 173–180, 177.

57 LUDWIG IHMELS, Stille und stark. Predigt über Psalm 62,2 am Jahrestage des Kriegsbeginns in der
    Universitätskirche zu Leipzig, Leipzig 1915, 12f.

58 LUDWIG IHMELS, In Hoffnung fröhlich. Am 2. Advent 1915, in: LUDWIG IHMELS (Hrsg.), Auf-
    wärts die Herzen. 21 Predigten aus dem Kirchenjahr 1915/16, Leipzig 1917, 1–10, 3.

V.

Man sieht an diesen Beispielen, dass bei einer keineswegs marginalen Zahl an Predigern die Faszination am Krieg dem Schrecken, den er freisetzt, gewichen ist. Das führte – jedenfalls in den ersten beiden Kriegsjahren – zwar nicht dazu, am national-religiösen Gesamtsinn des Krieges und seiner Ziele zu zweifeln. Aber diese Beispiele zeigen, dass etliche Kanzelredner sich der sittlichen Uneigentlichkeit des Krieges, der mit ihm verbundenen Verwahrlosung und der Opfer, die er bedeutete, nicht verschlossen hatten. Die Predigten boten eine Möglichkeit, auch die Schrecken des Krieges zu thematisieren und zu verarbeiten. Die Vorstellung des göttlichen Gerichtes war in den Weltkriegspredigten diejenige Leitkategorie, die es ermöglichte, je nach Akzent die faszinierenden und die schrecklichen Seiten des Krieges zu thematisieren: Man streitet vor dem göttlichen Richter für die eigene, als gerecht empfundene Sache. Indem man das Urteil des Höchsten herausfordert, wird der Krieg zum „heiligen Krieg", zum Faszinosum. Zugleich liegt in der Gerichtsidee auch die Möglichkeit, dass das Urteil negativ ausfällt. Zu dessen Vermeidung werden alle Kräfte für den Kampf gebündelt. Aber der Schrecken des Krieges wird auch als göttliche Strafe für die Mitschuld und die eigenen religiös-sittlichen Verfehlungen gedeutet. Schließlich erlaubt es die Idee des göttlichen Gerichtes, an den Gedanken der Gleichheit aller Menschen und ihrer geistigen Verbundenheit festzuhalten und ein Minimum an sittlicher Substanz zu markieren, das den Boden für den späteren Frieden bereitet. Insofern fungiert die Gerichtsvorstellung als ein theologisches Sinn-Integral für die Faszination und die Schrecken des Krieges.

Dass das damalige Deutungspotenzial der Kategorie „Gericht" in der Gegenwart nicht mehr erkannt und bei den aktuellen EKD-Schuldeingeständnissen gar nicht mehr berücksichtigt wird, dürfte damit zusammenhängen, dass diese Idee in der gegenwärtigen Theologie kaum noch präsent ist. Das zeigen vor allem die EKD-seitigen Verlautbarungen zum Reformationsjubiläum, etwa die Schrift „Rechtfertigung und Freiheit", in der ausdrücklich notiert wird, dass uns die Vorstellung des göttlichen Gerichtes „tief problematisch"[59] geworden ist und gegenwärtig nicht mehr bedeutet, als dass „jeder Mensch sich für sein Tun und Lassen verantworten muss".[60] Die Prediger im Ersten Weltkrieg waren indes der Auffassung, dass der göttliche Gerichtsherr sein Urteil im und durch den Krieg vollstreckt. Dieser Gedanke ist uns heute nur schwer erschwinglich. Aber wir müssen ihn wenigstens

---

59 EKD, Rechtfertigung und Freiheit. 500 Jahre Reformation 2017. Ein Grundlagentext des Rates der Evangelischen Kirche in Deutschland, Hannover ²2014, 26.

60 A.a.O, 68.

dann denken, wenn wir die Weltkriegsgeneration mit ihren Anliegen verstehen wollen. Tun wir das nicht, haben unsere Bewertungen der Weltkriegstheologie Anteil am Geist, den sie verneinen: Sie werden einseitig und ideologieanfällig.

Abstract

Es ist bekannt, dass die protestantischen Prediger in Deutschland die allgemeine Kriegsbegeisterung im Jahre 1914 unterstützt und bestärkt haben. In diesem Aufsatz werden Predigten aus den ersten beiden Kriegsjahren daraufhin untersucht, ob sich unter der Oberfläche der propagandistischen Rhetorik doch Elemente aus der friedensethischen Tradition des Christentums finden lassen. Es zeigt sich, dass mit der vielfach vorgetragenen Deutung des Krieges als göttliches Gericht die Möglichkeit einer Kriegsniederlage von Anfang an in einigen Predigten präsent ist. Überdies lassen sich in ausgewählten Predigten pazifizierende und deeskalierende Mahnungen finden: Appelle zum Frieden, das Gebot der Feindesliebe, die Dekonstruktion des Feindbildes, Kritik an Hassreden und -predigten sowie die Kritik der Idee einer besonderen Rolle Deutschlands in der Weltgeschichte.

It is well known that the general enthusiasm concerning the war in the year 1914 was supported and encouraged by the protestant preachers. The following essay examines sermons out of the first two years of war. Therefore, it searches for elements of peace ethic developed in the Christian tradition which can be found under the surface of propagandistic rhetoric. The frequently stated understanding of war as a divine judgement indicates that a possible defeat is present in many sermons. The latter is already evident in the first sermons in this period. Furthermore, the selected sermons include pacifying and deescalating reminders: appeals for peace, deconstruction of the enemy image, criticism concerning speeches and sermons of hate as well as the criticism of the idea to admit a particular role of Germany within world history.

Oh mein Gott. Die Katholiken und der Erste Weltkrieg

Birgit Aschmann

„Eine schwere Stunde ist heute über Deutschland hereingebrochen", wandte sich Wilhelm II. am 31. Juli 1914 vom Balkon des Berliner Schlosses an die voller Spannung darunter wartende Menge. „Man drückt uns das Schwert in die Hand". Leicht werde der hoffentlich ehrenvolle Kampf nicht, denn „enorme Opfer an Gut und Blut" würde es fordern, den Gegnern zu zeigen, was es heiße, „Deutschland anzugreifen." Schließlich endet er: „Und nun empfehle ich Euch Gott. Jetzt geht in die Kirche, kniet nieder vor Gott und bittet ihn um Hilfe für unser braves Heer!"[1]

Der Kaiser schickt sein Volk am Ende seiner Ansprache nicht etwa wie sonst üblich nach Haus, sondern in die Kirche. Am Tag danach rezitierte ein aus der Stadt kommender Jesuitenpater seinen Mitbrüdern im österreichischen Feldkirch genau diese letzten zwei Sätze. „Als wir diese schlichten und doch so bedeutungsvollen, wahrhaft großen Kaiserworte hörten", erinnerte sich ein Jahr später der deutsche Jesuit Peter Lippert, „übten sie eine ganz unvergeßliche Wirkung auf uns. Es folgte für mehrere Augenblicke ein geradezu ehrfurchtsvolles Schweigen, ein Ernst trat auf die Gesichter, wie er nur in Stunden feierlichen Gottesdienstes über den Menschen kommt. Alle zusammen fühlten wir, wie mit diesen Worten das Furchtbare, das nun seinen Lauf begonnen hatte, hinaufgehoben war in die ewige Welt Gottes, hineingestellt in das Licht des Glaubens."[2]

Dieses Zitat verdeutlicht zentrale Elemente des „Augusterlebnisses", welches ohne die Berücksichtigung seiner religiösen Dimension nicht angemessen verstanden werden kann. So wie auch der ganze Weltkrieg ohne diese Dimension nicht gänzlich zu begreifen ist. Schon allein, um die Frage zu beantworten, warum „alle mitmachten"[3], darf der religiöse Aspekt nicht ausgeschlossen werden.

---

1 Vgl. Deutscher Reichsanzeiger und Königlicher preußischer Staatsanzeiger, Berlin 179 (1. August 1914).

2 PETER LIPPERT, Die Gottesverehrung im deutschen Volke, in: GEORG PFEILSCHIFTER (Hrsg.), Deutsche Kultur, Katholizismus und Weltkrieg. Eine Abwehr des Buches La Guerre Allemande et le Catholicisme, Freiburg 1915, 75–87, 75.

3 So die von HERFRIED MÜNKLER aufgeworfene Leitfrage in seinem Beitrag am 15.4.2014 zum Thema „Politisches Lernen aus dem Ersten Weltkrieg" im Rahmen der Ringvorlesung am Institut für Geschichtswissenschaften der Humboldt-Universität im Sommersemester 2014: „Der Erste

Wer, wie Michael Geyer es für jede Kriegsgeschichte einforderte, klären will, „wie es dazu kam, dass den Europäern der Wille und die Fähigkeit abhanden kamen, aus eigenen Kräften den äußeren Frieden zu schließen und den inneren zu wahren", sollte sich Zeit nehmen für die Frage, wie es die kriegführenden Staaten mit der christlichen Religion hielten, die zur Friedensethik hätte verpflichten können.[4] Dass die christlichen Kirchen bzw. die Religion ganz im Gegenteil auf verschiedenen Ebenen zur Kriegführung beitrugen, ist erst allmählich in das Bewusstsein der Historiographen getreten. Dabei hat die Analyse von Kriegspredigten schon eine längere Tradition, während die Frage, was von diesen Angeboten von den Soldaten im Schützengraben wirklich rezipiert wurde, erst in den letzten Jahren die Aufmerksamkeit auf sich gezogen hat. Im Jahre 2006 forderte James McMillan für eine Kulturgeschichte des Kriegs vehement eine neue Würdigung der Rolle ein, die die Religion im Ersten Weltkrieg gespielt habe, schließlich sei die Religion entscheidend dafür gewesen, wie der Krieg wahrgenommen worden sei. So warb er für eine neue „spiritual history" des Ersten Weltkriegs als innovativem Forschungsfeld mit ungeahnten Potentialen.[5]

Der folgende Überblick über verschiedene Facetten der Thematik entspricht insofern der Forschungsgeschichte, als zunächst institutionengeschichtliche Fragen und Aspekte der Kriegstheologie behandelt werden, bevor die vatikanische Politik und Friedensbemühungen und schließlich Phänomene der „spiritual history" in den Vordergrund treten. Das zeigt zugleich die vielfältigen möglichen methodischen Ansätze, kann doch der Katholizismus unter sowohl sozialgeschichtlichen, diskursanalytischen als auch politikgeschichtlichen oder kulturgeschichtlichen Perspektiven in den Blick genommen werden. Genau diese Vielfalt soll hier zur Geltung kommen. Die Auseinandersetzung mit dem Katholizismus ist dabei deshalb besonders reizvoll, weil erstens die Loyalität zum deutschen Kaiserreich wegen der spezifischen Beziehungsgeschichte zwischen Katholizismus und preußischem Staat weniger selbstverständlich war als beim Protestantismus, zweitens weil die Internationalität des Katholizismus und das supranationale Papsttum alternative (nicht-nationale) Logiken nahelegten, und drittens weil die katholischen Fröm-

Weltkrieg – das Ende des „alten Europa"? Der vorliegende Beitrag basiert ebenfalls auf einem ursprünglich im Rahmen dieser Ringvorlesung präsentierten Vortrag.

4   MICHAEL GEYER, Urkatastrophe, Europäischer Bürgerkrieg, Menschenschlachthaus – Wie Historiker dem Epochenbruch des Ersten Weltkriegs Sinn geben, in: RAINER ROTHER (Hrsg.), Der Weltkrieg 1914–1918. Ereignis und Erinnerung, Berlin 2004, 24–33, 25.

5   JAMES F. MCMILLAN, Writing the spiritual history of the First World War, in: MADELON DE KAIZER (Hrsg.), Religie. Godsdienst en geweld in de twintigste eeuw, Zeventiende jaarboek van het Nederlands Instituut voor Oorlagsdocumentatie, Zutphen 2006, 47–71, 47, 65.

migkeitspraktiken im Krieg nicht nur von beeindruckender Sichtbarkeit, sondern offenbar auch von hoher Attraktivität nicht nur für die katholischen Gläubigen waren.

1. Vom „Pariah" zum „Juniorpartner": Kontext und katholisches Augusterlebnis

„Auf seine katholischen Untertanen", beteuerte ein Kaplan während des Krieges, „kann der Kaiser sich verlassen".[6] Die Fakten gaben ihm Recht, was in Anbetracht der Beziehungen zwischen Staat und Katholizismus seit der Gründung des Kaiserreichs zumindest erklärungsbedürftig ist. Schließlich hatte die Regierung Bismarck im Verein mit den Nationalliberalen den Katholiken unmittelbar nach der Reichsgründung im Rahmen des sogenannten „Kulturkampfes" massiv zugesetzt. Wegen des ihnen zugeschriebenen „Ultramontanismus" galten sie erstens als rückschrittlich und zweitens als national unzuverlässig. Erst 1878 kam es – nach überaus scharfen Auseinandersetzungen, in Folge derer hunderte Kleriker inhaftiert worden waren – zu einer allmählichen Annäherung, ohne dass die katholische Minderheit im Kaiserreich von der protestantischen Mehrheitsgesellschaft vollends akzeptiert worden wäre.[7] Aus dem „Pariah"[8] wie Wolfgang J. Mommsen die Position der Katholiken bezeichnet hatte, wurde eine Art „Untermieter", wie Klaus Schatz die Rolle der 37,7 % Katholiken im Reich umschrieb. Um eine Annäherung zum Hausherrn mühte sich nicht zuletzt der Fürstbischof von Breslau, Georg Kardinal Kopp, zu dessen Diözese (immerhin die größte und reichste des Deutschen Reiches) auch Berlin zähl-

---

6 So WILHELM HUNSTIGER am 25.9.1915 in den Akademischen Monatsblättern, zitiert in: STEPHAN FUCHS, Die katholischen Verbände im Ersten Weltkrieg, in: MARC ZIRLEWAGEN (Hrsg.): „Wir siegen oder fallen". Deutsche Studenten im Ersten Weltkrieg, Köln 2008, 205–222, 213.

7 David Blackbourn zufolge sollen rund 1800 Geistliche im Zusammenhang des Kulturkampfes inhaftiert worden sein, vgl. DAVID BLACKBOURN, Marpingen. Das deutsche Lourdes in der Bismarckzeit, Saarbrücken 2007, 128. Wehler zufolge befand sich die Hälfte der preußischen Bischöfe in Strafhaft, Vgl. HANS-ULRICH WEHLER, Deutsche Gesellschaftsgeschichte, Bd. 3: Von der ,Deutschen Doppelrevolution' bis zum Beginn des Ersten Weltkrieges 1849–1914, München 1995, 896. Michael Gross verweist darauf, dass allein in den ersten vier Monaten des Jahres 1875 241 Priester verhaftet worden seien; im Folgejahr waren 1.400 Pfarreien in Preußen ohne Priester, vgl. MICHAEL B. GROSS, The War against Catholicism. Liberalism and the Ani-Catholic Imagination in Nineteenth-Century Germany, Ann Arbor 2004, 257f.

8 Zum „Pariahstatus" vgl. WOLFGANG J. MOMMSEN, Die christlichen Kirchen im Ersten Weltkrieg; in: WOLFGANG J. MOMMSEN (Hrsg.), Der Erste Weltkrieg. Anfang vom Ende des bürgerlichen Zeitalters, Frankfurt am Main 2004, 168–180, 170.

te. Wie sehr staatlicherseits seine Vermittlerrolle geschätzt wurde, zeigt sich darin, dass Wilhelm II. dem Kardinal 1906 den Schwarzen Adlerorden verlieh. Damit erwies sich der Kaiser toleranter als andere Gesellschaftsgruppen, kam doch das nationale Lager bei den sogenannten „Hottentottenwahlen" im Februar 1907 erneut auf die alten Unterstellungen aus dem Kulturkampf zurück. Die Kritik am deutschen Kolonialkrieg gegen die Herero und Nama trug dem Zentrumspolitiker Matthias Erzberger den Vorwurf ein, die deutsche Machtstellung in der Welt untergraben zu wollen. Da dies schließlich zu deutlichen Verlusten in den Wahlen führte, ging das Zentrum dazu über, fortan in Fragen der imperialen Machtstellung des deutschen Reiches mit der Regierung besser zu kooperieren.[9] Zur selben Zeit (von 1904–1908) trugen die Studentenverbindungen einen (nachholenden) „akademischen Kulturkampf" aus, im Rahmen dessen den katholischen Korporationen die Anerkennung durch die nichtkatholischen verweigert wurde, weil sie ultramontan und national unzuverlässig seien, keine Wissenschaft betrieben und wegen der Ablehnung von Duell und Mensur nicht waffenfähig seien.[10] Erst als sich Wilhelm II. für die Katholiken einsetzte, ließ sich dieser Konflikt beilegen. Die beiden Kollisionen hatten drei Folgen: Erstens intensivierten sie die Gefühle der Loyalitätsverpflichtung der Katholiken gegenüber dem deutschen Kaiser, der prompt während des Mainzer Katholikentages von 1911 als „Kaiser der Katholiken" geehrt wurde.[11] Ein „idealer Herrscher" sei der König, ein „König und Kaiser (...) den die Vorsehung uns gab", schwärmte der Jesuitenpater Lippert.[12] Zweitens setzten die Katholiken fortan alles daran, jeglichen Zweifel an der nationalen Zuverlässigkeit auszuräumen, ohne dabei die religiöse Orientierung preiszugeben. „Gott und das Vaterland", so ein

---

9 Vgl. FRANK BECKER, Christliche Kirchen und radikaler Nationalismus im Deutschen Kaiserreich – eine Skizze, in: MICHAELA BACHEM-REHM/CLAUDIA HIEPEL/HENNING TÜRK (Hrsg.): Teilungen überwinden. Europäische und Internationale Geschichte im 19. und 20. Jahrhundert. Festschrift für Wilfried Loth, München 2014, 645–658, 649f.

10 Vgl. STEPHAN FUCHS, Verbände (s. Anm. 6), 206f.

11 Vgl. RUDOLF MORSEY, Die deutschen Katholiken und der Nationalstaat zwischen Kulturkampf und Erstem Weltkrieg, in: RUDOLF MORSEY, Von Windthorst bis Adenauer. Ausgewählte Aufsätze zu Politik, Verwaltung und politischem Katholizismus im 19. und 20. Jahrhundert, hrsg. von Ulrich von Hehl u.a., Paderborn 1997, 158–186, 168. Vgl. auch FRANK-LOTHAR KROLL, Geburt der Moderne. Politik, Gesellschaft und Kultur vor dem Ersten Weltkrieg, Berlin 2013, 61. Grundsätzlich zum Verhältnis zwischen Katholizismus und Kaiser vgl. JÜRGEN STRÖTZ, Wilhelm II. und der Katholizismus, in: STEFAN SAMERSKI (Hrsg.), Wilhelm II. und die Religion. Facetten einer Persönlichkeit und ihres Umfeldes, Berlin 2011, 171–198.

12 Zitiert in: KLAUS SCHREINER, „Helm ab zum Ave Maria". Kriegstheologie und Kriegsfrömmigkeit im Ersten Weltkrieg; in: Rottenburger Jahrbuch für Kirchengeschichte, Bd. 25 (2006), Ostfildern 2007, 65–98, 68.

Tübinger Garnisonspfarrer 1914: „Wir spüren es jetzt unmittelbar: Beide gehören zusammen".[13] Drittens ließen die Herabwürdigungen der Katholiken diese umso empfänglicher für Konzeptionen nationaler Einheit werden, in denen die Hierarchieunterschiede eingeebnet waren. Wenn der Kaiser in seiner Thronrede am 4. August 1914 nun seine Untertanen beschwor, sich „ohne Parteiunterschiede, ohne Stammesunterschiede, ohne Konfessionsunterschiede" um ihn zu scharen, leuchtet ein, dass dieser Appell auf die volle Zustimmung der Katholiken stieß, die sich fortan nicht mehr als Untermieter, sondern mindestens als Juniorpartner verstanden.[14]

Umso mehr, als dieser Schulterschluss mit der Nation nicht nur die inter-, sondern auch die innerkonfessionellen Differenzen zurücktreten ließ, schließlich hatten die innerkatholischen Auseinandersetzungen zwischen „modernen" und „traditionellen" Gruppierungen den deutschen Katholizismus der Jahrhundertwende einer Zerreißprobe ausgesetzt.[15] Dass diese integrative Wirkung nur um den Preis einer außenpolitischen Eskalation zu haben war, nahm der wortgewaltige Bischof von Speyer und Feldpropst der Bayerischen Armee, Michael von Faulhaber, als vermeintlich soziale Gesetzmäßigkeit bereitwillig in Kauf: In allzu langer Friedenszeit begännen „Bruderkriege im Volksleben". Im Kriegsfall aber „treten die Parteigegensätze im Volksleben zurück, und der deutsche Süden sagt zum deutschen Norden: ‚Bruder, dein Leben ist mein Leben, und dein Tod ist mein Tod'. Krieg im Völkerleben – Friede im Volksleben. Der Krieg singt das hohe Lied der Bruderliebe."[16] Diese vermeintlich schöpferische Fähigkeit wurde von Max Scheler als „Genius des Krieges" bezeichnet, der die Schlacken im deutschen Volk entfernen und die „maximale

---

13 A.a.O., 66.

14 Vgl. Eröffnungssitzung im Weißen Saale des königlichen Schlosses zu Berlin am 4. August 1914; in: Verhandlungen des Reichstags, XIII. Legislaturperiode, II. Session, Bd. 306: Stenographische Berichte. Von der Eröffnungssitzung am 4. August 1914 bis zur 34. Sitzung am 16. März 1916, Berlin 1916, 1–2; Vgl. auch: http://www.reichstagsprotokolle.de/Blatt—k13—bsb00003402—00014.html (zuletzt abgerufen am 18.03.2015).

15 Zu den innerkatholischen Konflikten vgl. Wilfried Loth, Katholiken im Kaiserreich, Düsseldorf 1984, 232–277; zur zwischenzeitlichen Überwindung dieser Divergenzen siehe: A.a.O, 27; sowie Wilfried Loth, Politischer Katholizismus in Deutschland. Entstehung, Antriebskräfte, Verfall, in: Franz-Xaver Kaufmann/Arnold Zingerle (Hrsg.), Vatikanum II und Modernisierung. Historische, theologische und soziologische Perspektiven, Paderborn 1996, 35–52, 47. Siehe auch Albert Steuer, Karfreitagsstimmung nach dem August-Erlebnis 1915. Katholische Presse und kirchliche Publizistik, in: Communicatio Socialis. Internationale Zeitschrift für Kommunikation in Religion, Kirche und Gesellschaft 38 (2005) 4, 394–413, 402.

16 Michael von Faulhaber, 1. Ausmarsch unter dem Königsbanner. Predigt im Dom zu Speyer zum Ausmarsch der Soldaten in den Krieg am 9. August 1914, in: Michael von Faulhaber, Waffen des Lichtes. Gesammelte Kriegsreden, Freiburg i.Br. 1918, 1–20, 6.

Geistesherrschaft auf Erden"[17] errichten könne. So wie sich viele Intellektuelle eine „Katharsis, (...) Reinigung und Befreiung vom belastenden Alten durch den Krieg"[18] erhofften, setzte der zum Katholizismus konvertierte jüdische Philosoph und Soziologe auf eine religiöse Erneuerung bzw. auf kriegsbedingte „Rückkehr auf den schöpferischen Ursprung" bzw. das „Untertauchen in die mächtige Lebensquelle"[19] im Krieg, den er zu einem „einzigartigen Ereignis" stilisierte, „dem erhabensten seit der französischen Revolution".[20]

Vieles deutet darauf hin, dass der Krieg – im Sinne der Ritualtheorie von Victor Turner – intuitiv als Übergangsritual gedeutet wurde, dessen liminales Mittelstück unerlässlich war, um von einem defizitären in einen höherwertigen Zustand zu wechseln.[21] So wie diese Schwellenphase sich grundsätzlich durch die Aufhebung alter Ordnungsmuster auszeichnet, waren auch jetzt, in der Euphorie des Augusterlebnisses, die alten Hierarchien hinfällig und abgelöst durch die Vorstellung einer umfassenden nivellierenden Schützengrabengemeinschaft.[22] Um den Übergang in diese liminale Gemeinschaft zu gestalten und Risiken abzufedern, bot die katholische Kirche eigene Übergangsrituale an: Gottesdienste, Gebete, Beichten. Und es ist ein Spezifikum des katholischen Augusterlebnisses, dass diese Dienste massenhaft in Anspruch genommen wurden. „Die Gotteshäuser sind wieder gefüllt", stand in der Zeitung.[23] „Gott sei es gedankt: die Menschheit betet wieder", triumphierte der Domprediger Adolf Donders, und zwar alle: „Unsere Arbeiter und Bauern beten, unsere Gelehrten und Gebildeten, unsere Soldaten und ihre Führer."[24] All die sozialen, politischen, kulturellen, konfessionellen Konflikte der vorangegangenen Jahre schienen – wie es der Jesuit Lippert im eingangs genann-

---

17 MAX SCHELER, Der Genius des Krieges und der Deutsche Krieg, Leipzig 1915, 10.

18 BERND APKE, „Krieg ist die einzige moderne religiöse Ekstase". Religiöse Ikonografie in der Kunst während des Ersten Weltkrieges, in: BERND KÜSTER (Hrsg.), Der Erste Weltkrieg und die Kunst. Von der Propaganda zum Widerstand, Gifkendorf 2008, 184–203, 189.

19 SCHELER, Genius (s. Anm. 17), 17f.

20 A.a.O., Vorrede.

21 VICTOR TURNER, Das Ritual. Struktur und Anti-Struktur, Frankfurt 1989, 94f.

22 Wenn der Krieg als eine solche liminale Phase verstanden wird, könnte plausibel werden, warum der amerikanische Künstler Marsen Hartley zu dem Ergebnis kam: „War is the only modern religious extasy". So im Brief vom 2.9.1914 an Alfred Stieglitz, zitiert nach: TOWNSEND LUDINGTON, Marsden Hartley. The Biography of an American Artist, Boston u.a. 1992, 121.

23 So LUDWIG HENSLER in einer am 09.08.1914 gehaltenen Predigt zu Röm 8,31, zitiert in: FUCHS, Verbände (s. Anm. 6), 214.

24 Vgl. ADOLF DONDERS, Mariä Himmelfahrt: Unsere himmlische Königin, in: MICHAEL VON FAULHABER (Hrsg.), Das Schwert des Geistes. Feldpredigten im Weltkrieg, Freiburg i.Br. 1917, 148–153, 149.

ten Zitat sagte – „hinaufgehoben in die ewige Welt Gottes." Dabei beschränkte sich dieses religiöse Erweckungserlebnis nicht auf Deutschland: Auch Frankreich, wo die „deux Frances" des vergangenen Jahrhunderts in der kriegsbedingten „Union sacre" erstmals zusammenfanden, erlebte eine „explosion de dévotion".[25]

Dieses „religiöse Augusterlebnis" ist umso bedeutsamer, als das säkulare Augusterlebnis, die nationale Euphorie über den Kriegsausbruch nicht so umfassend war, wie lange geglaubt, und die Skepsis offenbar vielerorts überwog. Gerade aber weil die Schwankenden in die Kirchen kamen, hatte die Kriegstheologie einen unerwartet großen Resonanzraum.

2. Kriegstheologie und Kirchenhierarchie

Die dominierenden Grundmuster der Argumentation der Theologen unterscheiden sich je nachdem, ob sie eher zu Beginn oder zum Ende des Krieges geäußert wurden, schließlich musste sich die Theologie an den veränderten Kontext anpassen. Entscheidend war dabei die Phase des Kriegsbeginns. Der Krieg traf die Kirche unvorbereitet, auch wenn einige Bischöfe ihn längst vorausgesagt hatten. Für viele Gläubige, zumal jene, die sich keineswegs so sicher waren, dass sie begeistert in den Krieg ziehen sollten, dürfte das Urteil der Bischöfe über die Legitimität des Krieges von weitreichender Bedeutung gewesen sei. Zweifel an der Christlichkeit des Völkerkampfes zerstreute der Münsteraner Professor für Moraltheologie und Apologetik Joseph Mausbach unter Bezugnahme auf die augustinische Lehre vom gerechten Krieg.[26] Entscheidend waren dafür die legitime staatliche Autorität, der gerechte Grund, die gerechte Absicht, dass der Krieg das letzte Mittel war und mit Verhältnismäßigkeit der Mittel sowie begründeter Hoffnung auf Erfolg geführt werde. Alles schien schon durch die kurze Sequenz der Balkonrede des Kaisers vom 31.7.1914 bestätigt. Von überragender Bedeutung war der „gerechte Grund", der mit der vom Kaiser proklamierten und von allen Gesellschaftskreisen akzeptierten Notwendigkeit zur Verteidigung hinreichend gegeben schien. Die kaiserliche Kriegslegitimation reichten die Kleriker – schließlich glaubten sie, keinen Anlass zu haben, die Autorität der kaiserlichen Worte anzuzweifeln – an die Gläubigen

---

25 CLAUDIA SCHLAGER, Krieg, Tod und Religion. Grenzerfahrungen als Transzendenzgeneratoren im Ersten Weltkrieg; in: Rheinisch-westfälische Zeitschrift für Volkskunde 54 (2009), 111-130, 113.

26 Vgl. JOSEPH MAUSBACH, Vom gerechten Krieg und seinen Wirkungen. Zeitgemäße Gedanken, in: Hochland 12 (Oktober 1914), 1-13, 3f. Vgl. dazu HEINZ HÜRTEN, Die katholische Kirche im Ersten Weltkrieg, in: WOLFGANG MICHALKA (Hrsg.), Der Erste Weltkrieg. Wirkung – Wahrnehmung – Analyse, Weyarn 1997, 725-735, 729.

weiter: „Wir Deutsche haben den Krieg nicht heraufbeschworen. Neid und Haß unserer Gegner mißgönnten uns den Platz an der Sonne. Unsere Feinde konnten den immer wachsenden Einfluß des Deutschen auf der ganzen Welt nicht mehr mit ansehen. Und sie schlossen sich zusammen in gemeinsamer Wut gegen alles, was Deutsch hieß."[27] Das biblische Gebot, im Angriffsfall die Wange hinzuhalten, erläuterte Bischof Faulhaber, gelte nur für den Einzelnen. „Die staatliche Obrigkeit hingegen hat es nicht in der Hand, mir nichts dir nichts heilige Rechte des Volkes und des Landes ohne Schwertstreich zu opfern. Auf persönliche Rechte verzichten, kann vollkommen sein; den Rock eines anderen, das Recht seiner Volksgenossen verschenken, wäre Unrecht; öffentliche Rechte des Vaterlandes opfern, wäre Verrat". Schließlich erklärt er den Verzicht auf Selbstverteidigung sogar aus christlicher Perspektive für verwerflich: „Für Völker, die nur ein Diesseitsleben führen, wäre die Preisgabe notwendiger Lebensrechte Selbstmord, und der ist im fünften Gebote und im Evangelium (Mt 15,19) verboten."[28] Das „Gesetz der Lebensbehauptung" sei Teil der Schöpfungsordnung Gottes.[29] Folglich wurde immer wieder unterstrichen, wie „gerecht" der Krieg sei. Einzelne blieben dabei nicht stehen und erklärten den Krieg gleich zum „heiligen Krieg": „Ein heiliger Krieg ist es, den wir führen, ein Kreuzzug für die Freiheit des Vaterlandes!"[30]

Die Verquickung von Sakralem („Kreuzzug") mit Nationalem („Vaterland") ist ein weiteres, durchgängiges Merkmal der Kriegstheologie. Inwieweit die Katholiken dabei hinter dem dezidiert nationalen Duktus der Protestanten zurückblieben, wird unterschiedlich gewichtet. Während Heinz Hürten den Abstand betont, hebt Frank Becker in einem 2014 erschienenen Beitrag die Ähnlichkeit hervor.[31] Klar ist,

---

27 Richard Hoffmann, Stark wie der Leu, gläubig und treu! Meine Erlebnisse und Eindrücke als Divisionspfarrer der K.B. 1. Infanterie-Division durch 29 Kriegsmonate an der Westfront, München 1917, 26.

28 Faulhaber, Waffen des Lichts (s. Anm. 16), 158f.

29 Vgl. Michael von Faulhaber, Der Krieg im Lichte des Evangeliums, München 1915, 28f.

30 J. Just, Krieg und Kommunion, in: Constantin Vidmar (Hrsg.), Kriegspredigten! Ansprachen und Betrachtungen aus den Tagen des Weltkrieges 1914/1915, Bd. 4: An besonderen Gedenktagen – Krieg und Eucharistie – Krieg und Marienverehrung, Innsbruck 1915, 51–58, 56; ähnlich Heinrich Missala, „Gott mit uns". Die deutsche katholische Kriegspredigt 1914–1918, München 1968, 85, 89.

31 Die Forschungsergebnisse bezüglich der protestantischen Kriegspredigt dürften, so Hürten, nicht auf die katholische Kirche übertragen werden, vgl. Heinz Hürten, Die katholische Kirche im Ersten Weltkrieg, in: Wolfgang Michalka (Hrsg.), Der Erste Weltkrieg. Wirkung – Wahrnehmung – Analyse, Weyarn 1997, 725–735, 730. Hingegen sieht Becker „kaum noch Unterschiede zum Protestantismus", vgl. Becker, Christliche Kirchen (s. Anm. 9), 657. Dabei bezieht er sich auf die Studie von: Oliver Göbel, Die Fuldaer Katholiken und der Erste Weltkrieg. Zur konfessionellen Spezifik nationaler Integration am Beispiel der fuldischen katholischen Publizistik 1914–1918, Brüssel 2011. Ein Unterschied dürfte in der größeren Zurückhaltung der Katholiken gelegen ha-

dass zum einen auch die Kriegsrhetorik der katholischen Kirchenhierarchie Nationales und Sakrales immer und immer wieder zusammenfügte. Von diesem Nebeneinander zeugen nicht nur die Ansprachen Faulhabers, sondern auch viele andere Phänomene wie jenes Kirchenkonzert im mazedonischen Frontabschnitt Anfang 1918, wo auf das rein nationale „Heilig Vaterland" das Ave Maria folgte.[32] Klar ist ebenso, dass beide Seiten durch diese schon rhetorische Kooperation profitierten. So wurden die nationalen Interessen aufgewertet, wenn der Vorsitzende der Fuldaer Bischofskonferenz, der Kölner Kardinal Hartmann, den „Bestand und die Freiheit des Vaterlandes" für etwas „unendlich Großes" erklärte, für welches „kein Opfer (...) zu groß" sei.[33] Auch profitierte die nationale Propaganda von der Integration katholischer Symbolfiguren, wie bei der nationalen Aneignung des Erzengels Michaels, der von keinem Geringeren als dem deutschen Kaiser zum „Schutzpatron" der Deutschen erklärt worden war.[34] Dieser war nicht zuletzt deshalb nützlich, weil er dem Krieg die Weihen eines apokalyptisch-manichäischen Kampfes gegen „das Böse" schlechthin verlieh.[35] Entsprechend wurde der Erste Weltkrieg in deutschen Predigten zum „Kampf der Gottesstreiter wider die Satansknechte" stilisiert. „Der Schlachtruf ‚Mit Gott für König und Vaterland' bzw. ‚vive la France'" bedeute letzten Endes nichts anderes als „Hie Christ, hie Antichrist."[36] Dass der Krieg damit ein „gerechter" sein musste, lag auf der Hand: „Da Österreichs Krieg gerecht ist", schrieb der Bischof von Linz 1915, „stehen alle die Monarchie angreifenden Staaten im Solde Satans."[37]

Zugleich aber versuchte auch die katholische Kirche, durch Entlehnung aus dem Militärischem von dessen allgemeiner Akzeptanz zu profitieren. Anders lässt sich zumindest die auffällige Bellifizierung der religiösen Sprache kaum erklären:

---

ben, vom „deutschen Gott" zu sprechen, was im protestantischen Diskurs gängiger war und im Katholizismus nur sehr vereinzelt passierte, vgl. u.a. FUCHS, Verbände (s. Anm. 6), 215.

32 Vgl. MICHAEL BUCHBERGER, Frontbesuche des Erzbischofs und Feldpropstes Dr. M. von Faulhaber im Osten und auf dem Balkan, Regensburg 1918, 133.

33 FELIX KARDINAL V. HARTMANN, Starkmut und Hoffnung in der Kriegszeit, Hirtenbrief Sr. Eminenz Felix Kardinal v. Hartmann, Erzbischofs von Cöln, in: Hirtenbriefe des deutschen Episkopats anläßlich der Fastenzeit 1916, Paderborn 1916, 1–8, 7.

34 So in einer Rede 1899 vor dem Preußischen Landtag, vgl. THOMAS FLIEGE, „Und wenn die Welt voll Teufel wär". Die Instrumentalisierung des Michaelskultes im Ersten Weltkrieg, in: GOTTFRIED KORFF (Hrsg.), KriegsVolksKunde. Zur Erfahrungsbindung durch Symbolbildung, Tübingen 2005, 219–256, 225.

35 Vgl. a.a.O., 223.

36 HEINRICH WOLF, Unseres Volkes Stunde. Predigten und Ansprachen, Essen 1915, 67.

37 So der Linzer Bischof Gföllner im ersten Hirtenbrief vom 18.10.1915, zitiert in: SCHREINER, Helm (s. Anm. 12), 66.

So war von der Eucharistie als „Panzerturm"[38] die Rede, die Fronleichnamsprozessi-
on wurde als „Kriegszug" und Christus als „oberster Feldherr" bezeichnet. Schließlich wurden sogar Erstkommunionkinder, die „allerjüngste Garde" des „größte(n)
aller Könige" unter der Überschrift „Mobilmachung" zur Erstkommunion als
„Fahneneid" bzw. als „Kinderkreuzzug zur Kommunionbank" geladen.[39] Diese Elemente können als Strategien gewertet werden, durch die Kooperation mit dem politischen Feld Status- und Landgewinne auf dem religiösen Feld zu verbuchen. Hier
schien der Krieg plötzlich neue Perspektiven zu eröffnen, die sich die Kirche nicht
entgehen lassen wollte, und die sich – in Analogie mit der sukzessiven Entwicklung
von Kriegszielen der deutschen Regierung – als „katholische Kriegsziele" bezeichnen lassen. Dazu gehören erstens Statusgewinne gegenüber der protestantischen
Kirche, mit der man im Burgfrieden und im Schützengraben zusammenarbeite-
te, ohne aber die grundlegende Konkurrenz je auszublenden. Entscheidend aber
war zweitens die Aussicht auf moralische Erneuerung der deutschen Gesellschaft,
die vor dem Krieg bereits „Leichenflecken sittlicher Entartung" aufgewiesen habe.
Selbstmorde, Ehescheidungen und eine „versumpfte Literatur" wurden ebenso
dazu gezählt wie französische Frauenmode. „Die öffentliche Sittlichkeit unseres
Volkes", klagte Bischof Faulhaber, „war auf dem Wege nach Paris."[40]

Schon 1912 hatte der Freiburger Erzbischof Thomas Nörber vor einer göttlichen Strafaktion gewarnt, wenn sich die Gesellschaft weiter von Gott und seinen
Geboten entfernen sollte. Doch, so schrieb er im Fastenhirtenbrief von 1912, „leider will es scheinen, daß auch diese Warnung keine Beachtung findet und daß
erst auf den Trümmern der Revolution, über den Ruinen des Krieges neues christ-
liches Leben ersprießen soll".[41] Jetzt wurde der Krieg als „Weckruf der sittlichen

---

38 So Faulhaber in der Predigt: „Die Weihestunde einer Soldatenkommunion", zitiert in: Benedikt
    Kranemann, „Baue auch Du... Deiner Seele Unterstand bei ihm". Kriegsdeutung durch Litur-
    gie am Beispiel von Feldpredigten des Ersten Weltkriegs, in: Jürgen Bärsch und Bernhard
    Schneider (Hrsg.), Liturgie und Lebenswelt. Studien zur Gottesdienst- und Frömmigkeitsge-
    schichte zwischen Tridentinum und Vatikanum II, Münster 2006, 105–119, 109f.

39 Helene Pagés, Soldaten Christi auf dem Schlachtfeld und in der Heimat. Ein Büchlein für Erst-
    kommunikanten, Dülmen i.W. 1916, 15. Dort heißt es: „Mobilmachung! Der größte aller Könige
    lässt in jedem Jahr immer um die gleiche Zeit seinen Ruf ergehen an seine allerjüngste Garde, an
    eine ungezählte Kinderschar, auf daß sie herbeieilen und ihm den Fahneneid schwören als seine
    getreuen Soldaten." Vgl. auch a.a.O., 10.

40 Vgl. Faulhaber, Ausmarsch (s. Anm. 16), 13.

41 So Erzbischof Thomas Nörber in seinem am 14. Februar 1912 veröffentlichten Fastenhirten-
    brief, zitiert in: Christoph Holzapfel, Krieg als „heilsame Kreuzes- und Leidensschule". Die
    religiöse Deutung der Weltkriege, in: Rottenburger Jahrbuch für Kirchengeschichte. Geschichts-
    verein der Diözese Rottenburg-Stuttgart 24 (2006), 99–126.

Volkskraft"[42] begrüßt, als „bittere Arznei" zum „Heil der Seele"[43], als „Volksmissionar", der die Menschen zu Buße und Umkehr, zu neuer Demut und Frömmigkeit rufe. All dies hatte mit einer kriegsrelevanten Emotionspolitik zu tun. Sollte die Betonung der Rechtmäßigkeit des Krieges auch unter streng religiösem Blick dem katholischen Soldaten helfen, Skrupel und Gewissensbisse angesichts des tödlichen Kriegshandwerks abzulegen, half die vermutete Konsequenz, die die neue Frömmigkeit haben würde, dazu, die Moral zu heben, schließlich stünde Gott auf der Seite der wahrhaft Frommen und Liebenden, was nichts Geringeres als den Sieg garantiere. „Ist Gott ein Gott der Liebe" – und wer wollte das ernsthaft bezweifeln – „so wird er auch dem Volke den Sieg geben, in dem die Liebe die reichste, die tiefste, die hochgeachtetste ist."[44] Entscheidend dafür sei, unter dem „Zeichen des Kreuzes" zu kämpfen. Angesichts der Frömmigkeit der bayerischen Soldaten war sich jedenfalls ein Krankenträger sicher: „So muß der Sieg unser sein".[45]

Dieser Sieg würde ein drittes katholisches Kriegsziel ermöglichen, schließlich galt es nicht nur innerhalb Deutschlands zu missionieren, sondern überall, wohin die deutsche Vorherrschaft kam: Die „Weltherrschaft unseres lieben deutschen Volkes" solle zum „Zeitalter der Eucharistie"[46] werden, vor allem aber Europa solle ein „katholisches Gesicht" bekommen. In besonderer Weise bezogen sich die Missionierungsambitionen auf das westliche Nachbarland und gaben damit dem Truppenvormarsch in Frankreich eine zusätzliche religiöse Legitimation. Zum einen gelte es, das liederliche „Babylon des Westens" zu bekehren, zum anderen der „Christenverfolgung" durch die Französische Republik ein Ende zu bereiten. Die Franzosen hätten „ihren Gott vergessen (...). Nun verläßt er sie".[47] Mit den deutschen Soldaten aber komme endlich das Christentum nach Frankreich zurück.[48] Frankreich sei zwar die „älteste Tochter

---

42 FAULHABER, Waffen des Lichts (s. Anm. 16), 13.

43 So in einem Rundschreiben des Kölner Erzbischofs von Hartmann am 21.11.1914, zitiert in: HERMANN-JOSEF SCHEIDGEN, Deutsche Bischöfe im Ersten Weltkrieg. Die Mitglieder der Fuldaer Bischofskonferenz und ihre Ordinariate 1914–1918, Köln u.a. 1991, 62.

44 SCHELER, Genius (s. Anm. 7), 151.

45 JOHANN HEIDENREICH, 12.12.1914 (Brief 217), Krankenträger in einem bayerischen Infanterie-Regiment, in: GEORG PFEILSCHIFTER (Hrsg.), Feldbriefe katholischer Soldaten, 2. Teil: Aus Ruhestellung und Etappe, Freiburg i.Br. 1918, 79f.

46 HEINRICH WOLF, Unseres Volkes Stunde. Predigten und Ansprachen, Essen 1915.

47 SEBASTIAN VON OER, Wach auf mein Volk!, in: Johann Leicht (Hrsg.), Sankt Michael. Ein Buch aus eherner Kriegszeit zur Erinnerung, Erbauung und Tröstung für die Katholiken deutscher Zunge, Würzburg 1917, 20–22, 21.

48 Vgl. HEINRICH MISSALLA, „Gott mit uns". Die deutsche katholische Kriegspredigt 1914–1918, München 1968, 77.

der Kirche", aber älteste Töchter würden, so Faulhaber, den Müttern immer die meisten Sorgen bereiten.[49]

Probleme ergaben sich dadurch, dass die französischen Katholiken sich diesem selbsternannten Erziehungsauftrag ihrer Nachbarn entzogen und die Legitimität ihrer Zivilisierungsmissionsintentionen radikal infrage stellten. Die deutschen Katholiken, die sich in einem gerechten, durch und durch christlichen Auftrag unterwegs wähnten, reagierten perplex auf die Militanz, mit der der belgische und französische Klerus den religiösen Hegemonieanspruch zurückwiesen und sich auf diese Weise als Alliierte der eigenen nationalen Streitkräfte entpuppten. Nachdem der belgische Bischof Mercier die Gräueltaten deutscher Soldaten an der belgischen Zivilbevölkerung schonungslos attackiert und den deutschen Kaiser und seine Truppen mit Luzifer und dessen Gefolge verglichen hatte, legte die französische katholische Elite nach. Das „katholische Komitee für französische Propaganda im Ausland" gab unter Mitwirkung der Erzbischöfe von Paris und Reims das Buch „Der Deutsche Krieg und der Katholizismus" heraus. Das in insgesamt sechs Sprachen publizierte Werk sollte mit den Mitteln religiöser Argumentation die neutralen Staaten davon überzeugen, dass die Deutschen nicht etwa die Exekutoren göttlichen Willens, sondern „Barbaren" seien.[50] So wie die Preußen die deutschen Katholiken im ersten „Kulturkampf" verfolgt hätten, würden jetzt die Franzosen von den Deutschen in einem „zweiten Kulturkampf" angegriffen. Das bedeutete dreierlei: Zum einen wurde das christlich-katholische Selbstverständnis des deutschen Augusterlebnisses negiert, zum zweiten wurde behauptet, die Deutschen würden grundsätzlich den Katholizismus bekämpfen und zum dritten wurde eine Verbindung der deutschen Katholiken mit den Franzosen hergestellt. All dies erklärt, warum die deutschen Katholiken, die gerade ihren Platz und ihre Relevanz in der deutschen Gesellschaft gefunden zu haben glaubten, ihrerseits überaus empfindlich auf diese Argumentation reagierten. Sofort begegneten sie dem französischen Buch mit Gegenpublikationen, in denen eine ganz unchristliche Leidenschaft als ursächlich für die französischen Anklagen ausgemacht wurde: Auf den ersten zwei einleitenden Seiten

---

49 MICHAEL VON FAULHABER, Unsere religiöse Kultur, in: GEORG PFEILSCHIFTER (Hrsg.), Deutsche Kultur, Katholizismus und Weltkrieg. Eine Abwehr des Buches La Guerre Allemande et le Catholicisme, Freiburg i.Br. 1915, 451–475, 453. Nur ein besiegtes Frankreich werde den Weg zur Kirche zurückfinden, prognostizierte das anonym veröffentlichte Flugblatt „Ist Deutschlands Sieg zu Nachteile des Katholizismus?" (1915/1916), zitiert nach: HEINRICH LUTZ, Demokratie im Zwielicht. Der Weg der deutschen Katholiken aus dem Kaiserreich in die Republik 1914–1925, München 1963, 44.

50 ALFRED BAUDRILLART, La Guerre Allemande et le Catholicisme, Paris 1915.

fällt neunmal der Begriff „Hass".[51] Wie sehr allerdings die Katholiken – Laien wie Kleriker – von den Vorwürfen getroffen waren, zeigt sich daran, dass in anderen Publikationen immer wieder in der Selbstbeschreibung von den „Barbaren" (in Anführungszeichen) die Rede ist. Diese internationale, aber innerkatholische Auseinandersetzung war Teil eines Ernüchterungsprozesses, dem sich die katholische Kirche schon deshalb ausgesetzt sah, weil mit andauernder Kriegszeit die religiöse Inbrunst des Kriegsbeginns abnahm und die – so bezeichneten – sittlichen Verfehlungen zunahmen.

Zu den Ernüchterten gehörte auch Max Scheler, der einst den Internationalismus der katholischen Kirche so geschätzt hatte und sich jetzt fragte: „Aber darf man das nun noch sagen, wo Kardinäle gegen Kardinäle stehen? Ich gestehe, daß ich beispiellos erschüttert bin darüber, daß der allzu gefräßige Moloch der Nation auch diese tiefste und wurzelfesteste übernationale Solidarität also zerstören konnte."[52]

3. Über Grenzen und zwischen den Fronten – Internationale Friedensinitiativen

Ende Juli, vom 22.–26.07.1914, hatten sich Kleriker und Laien unterschiedlichster Nationen in Lourdes zum 25. Internationalen Eucharistischen Kongress zusammengefunden und überschwänglich die Zugehörigkeit zu einer übernationalen Weltgemeinschaft gefeiert.[53] Nur eine Woche später brach der Krieg aus und das supranationale Zusammengehörigkeitsgefühl war dahin. Die Katholiken zogen sich in ihre nationalen Festungen zurück und offenbar blieb nur eine einzige hörbare Stimme zurück, die dem Universalismus und dem christlichen Friedensauftrag treu blieb: die Stimme Papst Benedikts XV., der am 3. September 1914 zum Papst

---

51 Vgl. die Denkschrift deutscher Katholiken gegen das französische Buch „La Guerre allemande et le Catholicism, in: Der deutsche Krieg und der Katholizismus. Deutsche Abwehr französischer Angriffe, herausgegeben von deutschen Katholiken, Berlin 1915, 3–11, 4f.

52 Brief von Max Scheler an Carl Muth vom 6.9.1915, zitiert in: ALOIS DEMPF, Schelers System christlicher Geistphilosophie als Grundlage einer religiösen Erneuerung, in: PAUL GOOD (Hrsg.), Max Scheler im Gegenwartsgeschehen der Philosophie, Bern/München 1975, 39–56, 46. Vgl. auch CLAUDIA SCHLAGER, Zwischen Feindesliebe und Erbfeindschaft. Die katholischen Kirchen in Deutschland und Frankreich und der Erste Weltkrieg, in: REINHARD JOHLER/FREDDY RAPHAËL/CLAUDIA SCHLAGER/PATRICK SCHMOLL (Hrsg.), Zwischen Krieg und Frieden. Die Konstruktion des Feindes, Tübingen 2009, 177–206, 179.

53 Vgl. JACQUES FONTANA, Les catholiques français pendant la Grande Guerre, Paris 1990, 23f; ebenso: SCHLAGER, Feindesliebe (s. Anm. 52), 177f.

gewählt worden war. Wie kaum jemand sonst denunzierte er in aller Deutlichkeit den Krieg von Beginn an als „Greuel und Elend"[54], als „Plage"[55], als „in Europa entflammten Bruderkrieg"[56] als „entsetzliche(s) Gemetzel"[57] bzw. „entsetzliche(s) Blutbad"[58], welches den Kulturverfall Europas bedinge bzw. den „Selbstmord (...) des zivilisierten Europa"[59] bedeute. Keine fünf Tage nach seiner Wahl hatte er damit begonnen, die Regierungen Europas zu beschwören, „es genug sein (zu) lassen, an dem, was an Ruinen schon geschaffen, was an Menschenblut schon geflossen ist" und sich dem Gedanken des Friedens zu öffnen. Leider, musste er immer wieder einräumen, wurde seine „väterliche Mahnung (...) nicht gehört und der Krieg mit all seinen Schrecken wütet weiter". Nachdem er fruchtlos an die Regierungen appelliert hatte, versuchte er es über eine Gebetsinitiative der Frauen und Kinder, die er als zentrale Opfer des Krieges früh erkannt und immer wieder benannt hatte. So wies er hin auf „die Klagen der Mütter und der vor der Zeit zu Witwen gewordenen jungen Frauen und all das untröstliche Weinen der Kinder".[60]

Erst im Sommer 1917 schien jedoch eine realistische Chance für den Frieden gekommen zu sein. Einblicke in Genese und Schicksal der nun auf den Weg gebrachten päpstlichen Friedensinitiative bieten die Berichte, die Eugenio Pacelli aus der Münchener Nuntiatur nach Rom schrieb. Pacelli, der spätere Papst Pius XII., war Ende Mai 1917 nach Bayern gekommen, was eine Ursache dafür gewesen sein dürfte, dass München und Berlin zur „Drehscheibe vatikanischer Europa- und Weltpolitik"[61] wurden. Deutlich wird das nicht zuletzt im Zusammenhang mit

---

54 Vgl. Rundschreiben Benedikts XV. (Ad beatissimi Apostolorum Principis) vom 1.11.1914, in: ARNOLD STRUKER (Hrsg.), Die Kundgebungen Papst Benedikts XV. zum Weltfrieden, Freiburg i.Br. 1917, 6–29, 27.

55 Schreiben Benedikts XV. an Kardinal Seraphinus Vannutelli vom 25.5.1915, in: STRUKER, Kundgebungen (s. Anm. 54), 44–48, 47.

56 Benedikt XV. Apostolische Mahnung an die kriegführenden Völker und ihre Oberhäupter vom 28.7.1915, in STRUKER, a.a.O., 49–55, 49.

57 A.a.O., 51.

58 Benedikt XV. Allokution im Konsistorium vom 6.12.1915, in: STRUKER, Kundgebungen (s. Anm. 54), 55–59, 58.

59 Schreiben Benedikts XV. an den Kardinalsstaatssekretär Petrus Gasparri vom 5.5.1917; in: STRUKER, Kundgebungen (s. Anm. 54), 67–72, 69.

60 Schreiben Benedikts XV. an den Kardinalvikar von Rom vom 4.3.1916 über besondere Friedensgebete der katholischen Frauenwelt und der katholischen Familien, zumal während der heiligen Fastenzeit, in: STRUKER, Kundgebungen (s. Anm. 54), 60–65. Der 30. Juli 1916 wurde offenbar zum Festtag der Kinder Europas erklärt und die Kinder wurden in ihren katechetischen Büchern aufgefordert: „Sie sollten den König aller Könige, den Friedensfürsten, in der heilgen Kommunion bestürmen: Herr, schenke uns den Frieden, den heiß ersehnten Frieden." In: PAGÉS, Soldaten Christi (s. Anm. 39), 9.

61 Vgl. Beschreibung des DFG-Editionsprojektes der Pacelli-Berichte an der Universität Münster http://www.uni-muenster.de/FB2/pacelli/ (zuletzt abgerufen am 20.03.2015).

der Friedensinitiative von 1917, der durch die außenpolitische Entwicklung eine günstige Aufnahme bereitet zu sein schien. Schließlich hatten seit Februar 1917 europaweit Unruhen und Streikbewegungen die Friedenssehnsucht der Bevölkerungen zum Ausdruck gebracht und die Stabilität der Regierungen gefährdet. Die Sozialistische Internationale bereitete für den Spätsommer 1917 eine Friedenskonferenz in Stockholm vor. In dieser Situation schienen innerhalb Deutschlands die Chancen zugunsten eines Kompromissvorschlags zu wachsen, zumal sich die Sozialdemokraten unwillig zeigten, weitere Kriegsanleihen zu befürworten[62] und in Leipzig bereits Rüstungsarbeiter für einen Frieden ohne Annexionen streikten.[63] Der wichtigste Kooperationspartner des Vatikans war der Zentrumspolitiker Matthias Erzberger, der in der deutschen Politik im Sommer 1917 eine Schlüsselrolle spielte.[64] Ende Juni 1917 vermittelte er eine geheime Begegnung Pacellis mit Bethmann Hollweg, in welcher vertraulich Punkt für Punkt die vatikanischen Vorstellungen einer Friedensinitiative verhandelt wurden. Zwei Wochen später allerdings kam es – forciert durch Erzberger – zu einer innenpolitischen Krise, die einerseits in einer Friedensresolution des Reichstags mündete, für welche das Zentrum zusammen mit Sozialdemokraten, Linksliberalen, Elsässern und Polen eine Mehrheit gewann. Andererseits aber führte diese Krise zu dem – ebenfalls von Erzberger – forcierten Sturz Bethmann Hollwegs. Es wäre aber zu diesem kaum gekommen, wenn nicht auch Hindenburg und Ludendorff diesen Sturz gewollt hätten, die allerdings – das hätte Erzberger zu denken geben müssen – ganz gegenteilige Intentionen damit verknüpft haben dürften. Tatsächlich zeigte sich der neue Kanzler Georg Michaelis schon deshalb nicht mehr so kompromissbereit wie noch Bethmann Hollweg, weil er – völlig zu Recht – darauf hinwies, dass „die Militärs (...) in Deutschland gegenwärtig den Ton angeben".[65] Tatsächlich waren es wohl vor allem Hindenburg und Ludendorff, die mit einem ebenso simplen wie effizienten Mittel die Kompromissbereitschaft der deutschen Regierung torpedierten, als es galt, zur päpstlichen Friedensnote vom 1. August

---

62 Vgl. Dokument Nr. 378, Nuntiaturbericht, Pacelli an Gasparri 27.7.1917, in: Kritische Online-Edition der Nuntiaturberichte Eugenio Pacellis (1917–1929). www.pacelli-edition.de/Dokument/378 (zuletzt abgerufen am 07.04.2014).

63 Vgl. Dick Geary, Arbeiter, in: Gerhard Hirschfeld/Gerd Krumeich/Irina Renz (Hrsg.), Enzyklopädie Erster Weltkrieg, Paderborn 2003, 142–154, 149.

64 Zu Erzberger im Ersten Weltkrieg siehe u.a.: Christopher Dowe, Krieg, Nation und Katholizität. Matthias Erzberger, ein Wegbereiter deutscher Demokratie im Ersten Weltkrieg, in: Karl-Joseph Hummel/Christoph Kösters (Hrsg.), Kirche, Krieg und Katholiken. Geschichte und Gedächtnis im 20. Jahrhundert, Freiburg i.Br. 2014, 21–49.

65 Geary, Arbeiter (s. Anm. 63), 149.

1917 Stellung zu beziehen[66]: Sie behaupteten, die militärische Lage an der Ost- und Westfront sei aktuell „so günstig (...) wie nie zuvor"[67], die Infanterie zeige ihre „hervorragende Angriffskraft", der U-Boot-Kriege zeitige Erfolge.[68] Damit sank die Bereitschaft, sich auf die Vorschläge des Papstes einzulassen, der für einen „gerechten und dauerhaften Frieden" Abrüstungen, die Einrichtung eines Internationalen Schiedsgerichts, die Rückgabe besetzter Gebiete und wechselseitigen Verzicht auf Entschädigungen vorgeschlagen hatte.[69] Der Handlungsspielraum des deutschen Reichskanzlers verringerte sich umso mehr, als die amerikanische Antwortnote sich mit der vom Papst geforderten Räumung Belgiens und Nordfrankreichs durch deutsche Truppen nicht mehr zufriedengab, sondern indirekt einen politischen Systemwechsel in Deutschland einforderte, weil „das unerträgliche Unrecht", das durch die „rasende, brutale Macht der deutschen Regierung geschehen sei, Genugtuung finden" müsse.[70] Die offizielle deutsche Antwortnote beteuerte daher zwar die grundsätzliche Friedenswilligkeit, erwähnte aber nun nicht einmal mehr die deutsche Bereitschaft, Belgien zu räumen, wodurch die päpstliche Friedensinitiative vollends ins Leere lief.[71] Letztlich war Pacelli von den USA, aber auch vom Agieren Michaelis' rundum enttäuscht: „Von einem fanatischen Protestanten wie Michaelis" dürfe man offenbar nichts anderes erwarten, klagte er verbittert.[72]

Dabei waren es keineswegs nur Protestanten, die sich dem Friedensplan widersetzten. Schon innerhalb des Zentrums hatte sich eine Gruppe von 60 Abgeordneten gebildet, die Erzberger vorwarfen, die nationale Einheit zu hintertreiben und

---

66 Die Note wurde am 9. August den in Rom anwesenden und beim Vatikan akkreditierten Vertretern Großbritanniens, Russlands und Belgiens mit der Bitte um Weiterleitung an die Alliierten übergeben. Die Note wurde – um die symbolische Bedeutung aufzuwerten – auf den 1. August, den Jahrestag des Kriegsbeginns, zurückdatiert. Die deutsche und österreichische Regierung erhielten die Note über die Münchener Nuntiatur erst am 15. bzw. 16. August. Am folgenden Tag wurde der Inhalt der Note in der Presse veröffentlicht. Vgl. RENÉ SCHLOTT, Die Friedensnote Papst Benedikts XV. vom 1. August 1917. Eine Untersuchung zur Berichterstattung und Kommentierung in der zeitgenössischen Berliner Tagespresse, Hamburg 2007, 29, 33–35.

67 So in dem von Kanzler Michaelis im Reichstag verlesenen Hindenburg-Telegramm, siehe den Artikel: „Aus dem Hauptausschuß des Reichstags"; in: Norddeutsche Allgemeine Zeitung, 231 (22.8.1917), 1f.

68 Dok. Nr. 6007, Schreiben von Pacelli an Pietro Gaspari, 27.9.1917; in: Kritische Online-Edition der Nuntiaturberichte Eugenio Pacellis (1917–1929). www.pacelli-edition.de/Dokument/6007, (zuletzt abgerufen am 07.04.2014).

69 Vgl. SCHLOTT, Die Friedensnote, 95–99.

70 Vgl. Abdruck der Antwortnote der USA vom 27.8.1917, in: A.a.O., 106–09.

71 Die Antwortnote des Deutschen Reiches vom 19. September 1917, in: A.a.O., 110–113.

72 Ebd.

die deutsche Abwehrkraft zu schwächen.[73] Selbst die deutschen Bischöfe reagierten sehr zurückhaltend und druckten die Papstnote nicht in ihren Amtsblättern ab. Der Episkopat anderer Länder zeigte sich nicht friedensbereiter. Der französische Kardinal Baudrillart lehnte es rundweg ab, über derartige Friedensbedingungen mit der Pariser Regierung zu sprechen, und der Dominikaner und Professor für Moralphilosophie am Pariser Institut Catholique, Antonin-Gilbert Sertillanges, erteilte – offenbar in Absprache mit dem Pariser Erzbischof Amette – der päpstlichen Initiative öffentlich eine Abfuhr.[74]

Michael von Faulhaber, seit Mai 1917 Erzbischof von München, sah die Schuld für das Scheitern der Initiative eindeutig im Lager der Gegner. „Deutschlands Füße", so könne man „mit gutem Gewissen" antworten, seien „beschuht mit der Bereitschaft des Friedensevangeliums". Allerdings sei ein „fauler" Friede nicht hinzunehmen. Dass er damit implizit die Hergabe der von Deutschland inzwischen eroberten Territorien ablehnte, ergibt sich aus seiner Ausführung, der Krieg dürfe eben nicht „umsonst" geführt worden sein: „Es gibt kein schlimmeres Wort für den Menschen als das ‚umsonst'."[75] Es waren die Opfer, die eben nicht „umsonst" gewesen sein durften, die nun einem Friedensschluss im Wege standen.

Nicht alle dachten so. Es gab einzelne, die sich vehement für den Frieden einsetzten. Mehrheitlich waren das im katholischen Umfeld diejenigen, die den Krieg kennengelernt hatten – anders als der Feldprobst von Faulhaber, der stolz darauf war, bei seinen Frontbesuchen immerhin auch den einen oder anderen Schützengraben gesehen zu haben. Der Bericht über die Frontbesuche von Faulhabers ist voll landschaftlicher Beschreibungen, aber vom Sterben wird relativ wenig erzählt. Anders erlebte es seine Untergebenen, die als Feldseelsorger den Kriegsalltag z.T. hautnah miterlebten und unmittelbar mit dem massenhaften Sterben konfrontiert waren.[76] Bezeichnenderweise waren die zentralen katholischen Friedensakti-

---

73 Ebd.
74 Vgl. MCMILLAN, Writing (s. Anm. 5), 55f.
75 MICHAEL VON FAULHABER, Predigt von Michael von Faulhaber am 21.10.1917 in Warschau, in: BUCHBERGER, Frontbesuche (s. Anm. 32), 72.
76 Dem preußischen Feldprobst Heinrich Joeppen unterstanden ca. 1.200 Feldseelsorger, die württembergische, bayerische und sächsische Feldseelsorge wurde vom bayerischen Feldprobst, dem Bischof von Rottenburg und dem sächsischen Apostolischen Vikar gewährleistet. Die Zahlen sind unklar. Vgl. SCHEIDGEN, Deutsche Bischöfe (s. Anm. 43), 132f. In der Pastoralinstruktion für die Feldseelsorge in Österreich firmierte als erste Aufgabe „die Vorbereitung des Soldaten auf den Tod im Gnadenstande". Der Verfasser vermutete, „hauptsächlich aus dieser Erwägung heraus hat der Staat Feldpriester bestellt." Vgl. CLAUDIA SCHLAGER, Krieg (s. Anm. 25), Tod und Religion. Grenzerfahrungen als Transzendenzgeneratoren im Ersten Weltkrieg, in: Rheinisch-westfälische Zeitschrift für Volkskunde 54 (2009), 111–130, 121f.

visten der Kriegs- und Nachkriegszeit ehemalige Feldgeistliche, die einst oftmals freiwillig und euphorisch an die Front gegangen waren, um sich durch die dortigen Erfahrungen zu Pazifisten zu wandeln. Dazu zählte der Dominikaner Franziskus Stratmann, der 1914 zunächst Berliner Studentenseelsorger gewesen war und durch den Krieg zu der Überzeugung fand, dass angesichts der modernen Kriegsrealität kein Krieg mehr als gerecht zu bezeichnen sei. Dazu zählte auch Max-Josef Metzger, der sich ebenfalls zum „radikalen Pazifisten" wandelte und sich in dem von ihm im Mai 1917 mitgegründeten Weltfriedensbund vom Weißen Kreuz für eine internationale Verständigung einsetzte – allerdings ohne dass dies eine nennenswerte Breitenwirkung fand.[77]

Für eine Kulturgeschichte des Ersten Weltkrieges sind diese Feldgeistlichen schon deshalb von zentraler Bedeutung, weil ihnen die Aufgabe oblag, einerseits die Kriegstheologie im Feld zu vermitteln und andererseits den spirituellen Bedürfnissen der Soldaten im Feld gerecht zu werden. Neben den Feldpostbriefen bieten daher gerade deren Darstellungen Einblicke in die „Soldatenpsychologie", worunter schon die Zeitgenossen insbesondere Folgendes verstanden: die Frage der Umgestaltung der religiösen Vorstellungen und Begriffe unter dem Einfluß der Kriegserlebnisse und der langen Kriegsdauer. Das sei, wurde 1917 festgehalten, ein sträflich vernachlässigtes Thema. Daran änderte sich bis in die jüngste Zeit wenig, in den letzten Jahren aber ist gerade dieser Aspekt als „spiritual history" in den Fokus geraten.

4. Sinn und Eigensinn: die „spiritual history" des Ersten Weltkriegs

In zweierlei Hinsicht ist die Perspektive „von unten" bzw. der Blick auf den „einfachen Soldaten" von Interesse: So geht es erstens um dessen Wahrnehmung des Krieges und die Art, wie er die ihm gemachten Sinnangebote aufgriff, und zweitens um die Frage, inwiefern diese Wahrnehmungsmuster durch kreative, synkretistische Prozesse „eigensinnig" im Krieg verändert wurden.

Zwei Aspekte sind bezeichnend. Zunächst ist erwähnenswert, dass all diese Sinndeutungsmuster der Stärkung dezidiert nationaler Ziele dienten, aber doch

---

77 Zum Programm und der Geschichte des Weltfriedenswerkes vom Weißen Kreuz vgl. u.a.: G. O. SLEIDAN, I.K.U. Internationale Betätigung des deutschen Katholizismus im Weltkrieg, Berlin 1918, 25–29. Erst in der Weimarer Republik wurde der Friedensbund deutscher Katholiken, in dem sich sowohl Stratmann als auch Metzger federführend engagierten, zur zweitgrößten pazifistischen Organisation in Deutschland – im übrigen von den deutschen Bischöfen keineswegs mit einhelligem Wohlwollen betrachtet.

zugleich in ihren Symbolen und Praktiken zutiefst international waren – was insofern kein Zufall ist, als ja gerade die katholische religiöse Praxis das Resultat übernational agierender „Kultmanager" war. Die jeweiligen Kulte finden sich daher auf allen Seiten der Fronten.

Als zweites sticht die Bedeutung der Emotionen ins Auge, was ebensowenig ein Zufall ist, wenn man – wie Valentin Groebner es getan hat – Religion definiert als „Versuche zur Erzeugung, Steuerung und Synchronisierung von Emotionen."[78] Gerade in Kriegssituationen mit der potenzierten Todesgefahr sind die Zusammenhänge zwischen Religion und Emotionen evident. Dann ist nämlich Religion, die generell und grundsätzlich ein Mittel der Kontingenzbewältigung ist, vor allem ein Mittel der Angstbewältigung.[79] Es gilt, Herr zu werden der Angst vor dem Kampf, der Angst vor der Verletzung und der Angst vor dem Tod. Dabei gab von Faulhaber warnend zu bedenken: „Zwischen Sterben und Sterben ist ein Unterschied wie zwischen Licht und Finsternis, zwischen Himmel und Hölle".[80] Und insofern galt die Angst vor allem dem „schlechten" Tod: dem Tod in der heimatlosen Fremde ohne Beistand, ohne die Möglichkeit der Ehrung physischer Überreste, dem Tod ohne Sakramente, d.h. ohne Heilsgewissheit, und insbesondere dem sinnlosen Tod.

Die Mittel, dieser Angst abzuhelfen, lassen sich unterteilen in a) kirchlich verwaltete Heilsgüter bzw. Sakramente wie die Eucharistie, die Beichte oder die Sterbesakramente; b) kirchlich anerkannte Medien der individuellen Heilsaneignung wie Rosenkränze, Madonnenbildnisse oder Skapuliere und c) außerkirchliche Methoden, die von der Kirchenhierarchie und aufgeklärten Intellektuellen als „Aberglauben" abgelehnt wurden, wie Himmelsbriefe oder Amulette, wobei die Übergänge fließend waren.

Entscheidend für die Popularität war die jeweilige Funktion, nach denen sich die Kultpraktiken differenzieren lassen und die deshalb so wichtig sind, weil sie ins Zentrum individueller Kampfbereitschaft und damit zurück zur Frage führen, „warum denn alle mitgemacht haben".

So dienten diese Praktiken erstens der mentalen Stärkung vor dem Kampf bzw. der Potenzierung des Siegesoptimismus, zweitens dem Schutz vor Verletzung und Tod und drittens der Sinnstiftung im „Schadensfall", d.h. wenn die Schutzmechanismen versagt haben und der Tod unvermeidlich wird.

---

78 Valentin Groebner, Ein Staubsauger namens Emotion. Geschichte und Gefühl als akademischer Komplex, in: Konzept und Kritik. Zeitschrift für Ideengeschichte Heft VII/3 (2013), 109–117, 113.

79 Zur Relevanz der Kontingenzbewältigung vgl. Schlager, Krieg (s. Anm. 25), 113.

80 Michael von Faulhaber, Predigt am 21.10.1917 in Warschau, in: Buchberger (s. Anm. 32), Frontbesuche, 73.

Die Praktiken, die insbesondere zur mentalen Stärkung vor dem Kampf zählten, waren die Eucharistiefeier und das Rosenkranzgebet. „Woher", fragte der Kaplan Wilhelm Dederichs, „ihre Kraft, woher der Heldenmut und die Löwenkühnheit, woher ihre Todesverachtung bei unseren katholischen Soldaten, wenn es heißt: ‚Ran an den Feind!', wenn alle Nerven zittern, alle Pulse hämmern und jagen, wenn der Atem stockt und das männlichste Männerherz hörbar an die Rippen schlägt (...)? Was ist das Geheimnis ihrer unbrechbaren Kraft?" Um dann die Antwort nicht schuldig zu bleiben: Es sei das „Seelenbrot", das „Brot der Starken": „die heilige Kommunion".[81] Immer wieder wird sowohl von geistlicher, also der Angebotsseite, als auch von Soldaten, der Rezipientenseite berichtet, wie der Empfang der Hostie im Rahmen der Eucharistiefeier als Stärkung durch transzendente „Hebung" erfahren wurde, was sich immer wieder in der plötzlichen „Leuchtkraft" von Gesicht und Augen spiegelt. So berichtete ein Regensburger Pfarrer, wie den Soldaten, nachdem es ihnen vergönnt war, „aus dem Kraftborn des Altarsakramentes zu trinken", „das Angesicht" „leuchtete", als sie die Kirche verließen, was ihnen half, das erste Opfer (die Trennung von der Familie) nun in „Mannesmut und Gottergebung" zu vollbringen.[82] Auch im Feld blieb die Wahrnehmung bestehen, selbst ein protestantischer Offizier soll gesagt haben, er führe katholische Mannschaften am liebsten dann in den Angriff, wenn er wisse, dass sie zuvor die heilige Kommunion empfangen hätten.[83] Tatsächlich scheinen Soldaten vielfach aus den Feldgottesdiensten mit ihrer rituellen, körperlich spürbaren Neuausrichtung auf eine dem Militärischen alternative Ordnung innerlich gefestigt hervorgegangen zu sein - nach der paradoxalen „Hebung der Herzen" bei der Beugung der Knie. In den Feldpostbriefen wird der Zusammenhang mit der Erfahrung emotionaler Außeralltäglichkeit deutlich. Dass „auch die rauhesten Brüder" gemeinsam miteinander „gesenkten Hauptes" dastanden und „beteten und sangen", rührte einen Unteroffizier zutiefst: „Ich hätte beinahe weinen müssen."[84] Immer wieder ist die Rede von der „Ergriffenheit", der „Rührung" der Soldaten, die etwas Kathartisches hatte und so nicht etwa in Schwächung, sondern Stärkung der Kampfmoral mündete.[85] Ein Leutnant berichtete im Oktober 1914, wie vor der ersten Schlacht alle vor

---

81 Vgl. WILHELM DEDERICHS, Kommunion und Krieg, in: Vidmar, Kriegspredigten (s. Anm. 30), 65–74, 69f.

82 Zitiert in: SCHREINER, Helm (s. Anm. 12), 72.

83 A.a.O., 73.

84 20.10.1914, in: GEORG PFEILSCHIFTER, Feldbriefe katholischer Soldaten, Erster Teil: Aus Tagen des Kampfes, Freiburg i.Br. 1918, 101f.

85 Zur „Rührung" siehe u.a.: JOHANN HEIDENREICH, 12.12.1914, in: GEORG PFEILSCHIFTER, Feldbriefe katholischer Soldaten, Zweiter Teil: Aus Ruhestellung und Etappe, Freiburg i.Br. 1918, 80.

dem segnenden Priester knieten, bevor das Maschinengewehrfeuer einsetzte: „ (...) und nun begann ein rührendes, edles, mir nie vergeßliches Bild. Wie aus einem Mund, erscholl der Ruf ,Jesus, hilf, Jesus hilf' (...). Nun aber brachen unsere Löwen los, den Namen Jesus auf den Lippen".[86] Dies scheint mir deshalb hochinteressant, weil es den Kern eines katholischen Gegennarrativs zum nationalen Langemarck-Mythos birgt: Waren nach dem Bericht der OHL in Langemarck „junge Regimenter unter dem Gesang Deutschland, Deutschland über alles" in die feindlichen Stellungen gebrochen, so hatte die katholische Garde gemäß dieses Feldbriefes beim Sturm auf das Feld den Namen Jesu auf den Lippen.

Die meisten verließen sich nicht auf Jesus allein und wandten sich zusätzlich an die Gottesmutter Maria, der im Schützengraben zahlreiche Altäre errichtet wurden.[87] Bedingt durch spezifische Traditionen innerkatholischer Kompetenz-aufteilung war sie insbesondere „zuständig" für Sieg und Schutz, was sich in zwei Dingsymbolen zeichenhaft verdichtete: dem Rosenkranz und dem schützenden „Mantel" Marias. Wurde doch seit dem Mittelalter der Rosenkranz als Siegessymbol im Kampf gegen die Ungläubigen verehrt, erst gegen die Albigenser, dann gegen die Osmanen in der Schlacht von Lepanto 1571, die in besonderer Weise der Intervention Marias zugeschrieben wurde, nachdem ganz Europa zuvor den Rosenkranz gebetet habe.[88] Der Rosenkranz war jedenfalls in den Schützengräben aller Nationen bei katholischen Soldaten omnipräsent. Sie trugen ihn in Hosentaschen, am Arm und um den Hals.[89] Wenn er in dieser Form Teil der Kleidung unter der Uniform wurde, waren die Übergänge hin zum Symbol des schützenden Mantels Marias fließend, womit wir bei der zweiten Funktion katholischer Praktiken sind: der Verheißung von Schutz. „Maria, breit den Mantel aus, mach Schirm und Schild für uns daraus" – dass ein bayerischer Offizier mit diesem bekannten Marienlied um himmlischen Beistand gebeten hatte, galt als ursächlich für die wundersame

---

Ebenso: ALOIS RAPPENECKER, 8.11.1914, in: GEORG PFEILSCHIFTER, Feldbriefe katholischer Soldaten, Dritter Teil: Die religiöse Gedankenwelt des Feldsoldaten, Freiburg i.Br. 1918, 13. Zur Stärkung der Kampfmoral: „Welches Glück!", berichtete ein Soldat von der Ostfront: „Beichte, Hochamt am Altare im grünen Hain, Hunderte von Gläubigen beten den verborgenen Gott an und empfangen ihn in der Brotgestalt andachtsvoll (...) Das war schön! Und des andern Tages ging ich frischen Mutes in den Schützengraben". Vgl. a.a.O., 72.

86 Vgl. PFEILSCHIFTER, Feldbriefe, Erster Teil (s. Anm. 84), 22f., 23.
87 Vgl. SCHREINER, Helm (s. Anm. 12), 74.
88 Vgl. a.a.O., 8of.
89 Vgl. a.a.O., 81. Vgl. auch: KARL JOSEF BAUDENBACHER, Der Rosenkranz im großen Völkerkriege 1914-1915. Beispiele der Rosenkranzandacht unserer Soldaten, Innsbruck 1915, 11,19,3of; Altöttin-ger Liebfrauenbote Nr. 18 und 19 (1915) ; Fahne Mariens 4 (1915), 92.

Rettung dieses Offiziers und der meisten Soldaten seiner Truppe.[90] Der Fürsprache Mariens bei ihrem Sohn wurde alles zugetraut, was erklärt, warum tausende Fotos von Soldaten der Schwarzen Madonna ins Schweizer Kloster Einsiedeln geschickt wurden, um diese ihrem persönlichen Schutz anzuempfehlen.[91] Der Glaube, dass niemandem etwas geschehe, der ihre Fürsprache erhalte, wurde durch zahlreiche Wundererzählungen forciert, was wiederum die Versuche der Kontaktaufnahme zu Maria intensivierte. Marienvisionen nahmen zu, selbst Wilhelm II. soll die Madonna von Tschenstochau im Schlaf erschienen sein.[92] Keine Marienerscheinung aber wurde so wirkmächtig wie die einiger Hirtenkinder im Jahre 1917, 80 km von Lissabon entfernt, in dem kleinen portugiesischen Ort namens Fátima.[93] Die Soldaten im Feld aber brauchten etwas Nahes, Spürbares und suchten Zuflucht zu Stoffresten, die sie – pars pro toto – den schützenden Mantel auf der eigenen Haut spüren ließen: Skapuliere. In diversen mittelalterlichen Legenden hat Maria den in Bedrängnis Geratenen (zumeist Heiligen) als Zeichen ihres Schutzes Gewänder übergeben. Darauf ist auch das ärmellose Schultergewand zurückzuführen, das u.a. bei Karmeliten Teil des Ordensgewandes ist. An Laien wurden Skapuliere in höchster stofflicher Reduktion ausgegeben: als zwei rechteckige Stoffstücke, die – mit Bändern verbunden – auf Brust und Rücken getragen werden konnten.[94] Kaum ein Kleidungsstück war im Krieg derart begehrt wie Skapuliere, das „Ehrenkleid Marias".[95] Hunderttausende sind an einrückende Krieger ausgeteilt worden, Karmelitenklöster sollen auf der Suche nach diesen Skapulieren fast gestürmt worden sein. „Ohne Skapulier kann ich nicht sein", schrieb ein Soldat aus Russland, „da überfällt mich auf einmal Angst, daß ich mich fürchte."[96]

Indem auf das Skapulier Embleme aufgestickt werden konnten, war es möglich, zusätzliche Kulte zu integrieren – und kein Kult war international so verbreitet wie die Herz-Jesu-Verehrung. Insbesondere in Frankreich, wo die Verbindung von

---

90 Vgl. Odilo Ringholz, Maria und der Krieg. Ein Trost- und Erbauungsbüchlein für Krieg und Frieden, Einsiedeln 1915, 28f. Kurz darauf (a.a.O., 30) findet sich die Empfehlung, das Lied zu beten und sich so unter den Schutz Mariens zu stellen, denn: „Wer unter Mariens Schutzmantel bleibt, wird nicht verloren gehen."

91 Vgl. Valentin Groebner, Soldatenfotos für die Schwarze Madonna; in: Zeitschrift für Ideengeschichte, Heft VIII/2 (2014), 77–98. Ebenso: Valentin Groebner, Sie sollen nicht sterben, in: Die Zeit 20/2014 (8.5.2014), 16.

92 Vgl. Schreiner, Helm (s. Anm. 12), 79.

93 S. Monique Scheer, Rosenkranz und Kriegsvisionen – Marienerscheinungen im 20. Jahrhundert, Tübingen 2006.

94 Vgl. Schreiner, Helm (s. Anm. 12), 82.

95 So ein Kapuziner am Skapulierfest 1916, zitiert in: a.a.O., 83.

96 Schreiben von Franz Scheuringer, zitiert in: a.a.O., 84.

Tricolore und Sacré – Coeur zum Sinnbild der Union Sacré wurde, aber auch in England, wo Londoner Klöster nicht hinterherkamen, den Bedarf – nichtkatholischer – Soldaten an Herz-Jesu-Emblemen zu befriedigen.[97] Auch in Deutschland war die Herz-Jesu-Verehrung weit verbreitet, garantierte sie doch nicht zuletzt jedem, der sich an neun aufeinanderfolgenden Herz-Jesu-Freitagen an die Regeln hielt, einen „guten Tod".[98] Damit kommt die dritte Funktion der religiösen Praktiken ins Spiel: Die Sinnstiftung im Schadensfall. Zwei Elemente waren mit Blick auf den immer wieder erwarteten Tod relevant: Erstens galt es „reinen Gewissens" aus dem Leben zu scheiden, d.h. das irdische Sündenkonto sollte bereinigt sein, bevor man vor den himmlischen Richter trat. Dazu diente die Beichte ebenso wie Ablässe, die für zahlreiche Kultpraktiken gewährt worden waren. Wichtiger noch war, dass der Tod selbst als Christusnachfolge verklärt wurde, so wie Schmerzen und die Akzeptanz von Leid traditionell in der Kirche als Elemente von Sühne und Buße Teil der Imitatio Dei waren. Es dürfte kein Zufall sein, dass portugiesische Soldaten eine Christusfigur in den flandrischen Todesfeldern errichteten, die stark an die Sakralstatuen erinnert, die während der Karwoche durch die Straßen der iberischen Halbinsel getragen werden und zur Imitatio Dei auffordern. Die Hingabe Jesu aber gipfelte im selbstlosen Opfertod, und wenn der Soldatentod mit diesem parallelisiert wurde, bot er Sterbenden und Hinterbliebenen jene kostbare Ressource, die in diesem Krieg immer, immer knapper wurde: einen Sinn.

5. Ergebnisse und Folgen

Die Ergebnisse lassen sich in fünf Thesen verdichten. Erstens: Der Erste Weltkrieg bot dem Katholizismus in vielen Ländern, insbesondere in Deutschland und Frankreich, die Chance, den Status im innenpolitischen Gefüge zu verbessern. Das ist vielfach gelungen. Die Kooperationen des Zentrums zugunsten einer Friedensinitiative mit Sozialdemokraten und Linksliberalen bahnte der Regierungskoalition der Weimarer Republik den Weg und schuf daher manchen Katholiken Karriereperspektiven, die besser waren als je zuvor. Aber auch in Schottland und Irland, Frankreich und Italien ging der Katholizismus insgesamt gestärkt aus dem Krieg.[99]

---

97 Vgl. MCMILLAN, Writing (s. Anm. 5), 58.

98 Vgl. NORBERT BUSCH, Katholische Frömmigkeit und Moderne. Die Sozial- und Mentalitätsgeschichte des Herz-Jesu-Kultes in Deutschland zwischen Kulturkampf und Erstem Weltkrieg, Gütersloh 1997, v.a. 185–187, 186.

99 Vgl. MCMILLAN, Writing (s. Anm. 5), 61: „For many Catholics on continental Europe, the future looked brighter in 1918 than it had done in 1914."

Zweitens: Die Kriegstheologie der Kirchenhierarchie unterstützte die nationalen Belange und versuchte zugleich, von ihrem Bedeutungszuwachs zu Kriegsbeginn zu profitieren. Sie entwickelte eigene „Kriegsziele", darunter neben dem Statusgewinn die Forcierung von Sittlichkeit und Frömmigkeit. Nach ersten Erfolgen aber erlebten die katholischen Kriegsziele ein ähnliches Schicksal wie diejenigen der Reichsregierung. Die lange Kriegsdauer und die vielen Toten, denen die Frömmigkeit zumindest nicht das Leben gerettet hatte, diskreditierten das enge Bündnis mit der Nation. Theologische Deutungen jedoch, die Leiden und Sterben im Krieg als Imitatio Dei plausibilisierten, reichten bis zum Ende des Zweiten Weltkriegs.

Drittens: Die devotionale Explosion zu Beginn des Krieges führte zu einer Hochkonjunktur von Frömmigkeitsformen, die aus dem 19. Jahrhundert bekannt waren, zusammen mit Techniken parareligiöser Schadensabwehr. Offenbar neigten viele Menschen angesichts der Überwältigung durch den modernen industriellen Massenkrieg dazu, Zuflucht gerade bei traditionellen und magisch-antiaufklärerischen Sinnagenturen zu suchen. Die Bricolage verschiedener Kulte könnte zur allgemeinen Dynamisierung des religiösen Feldes auf lange Sicht beigetragen haben.

Viertens: Dem Papsttum muss aus der Erfahrung der Ohnmacht nicht nur gegenüber den säkularen Regierungen, sondern auch gegenüber den Ortsbischöfen an einer strikteren Zentralisierung gelegen haben. Die Proklamation des erstmals weltweit einheitlichen Rechtswerkes Corpus Iuris Canonicis von 1917 dürfte vor diesem Hintergrund zu verstehen sein. Der Erste Weltkrieg stellte darüber hinaus für das Papsttum insofern eine Zäsur dar, als fortan alle Kriege strikt verurteilt werden sollten (bei einer Ausnahme: dem Spanischen Bürgerkrieg).

Fünftens und letztens: Friedensinitiativen von Klerikern und Laien blieben im Ersten Weltkrieg eine Ausnahmeerscheinung. Mehrheitlich hingegen leisteten die nationalen Katholizismen einen entscheidenden Beitrag zur Kriegführung, unter anderem, indem sie den Krieg als gerecht legitimierten. Vor allem aber trugen sie durch die individuelle Stärkung von Millionen von Soldaten mittels sakramentaler Weihen oder sakraler Praktiken dazu bei, die Soldaten (und die Heimatfront) mit einer mentalen Disposition auszustatten, die sie zu einem überaus brauchbaren Instrument staatlicher Kriegführung machte. Insofern hilft der Blick auf den Katholizismus insgesamt, ein bisschen mehr zu verstehen, „warum denn alle mitmachten."

Abstract

Unter drei Aspekten geht der Beitrag den Zusammenhängen zwischen Katholizismus und Erstem Weltkrieg nach. Er fragt erstens nach dem Verhalten der deutschen Theologen bzw. Kleriker, die sich in den Jahren vor Kriegsausbruch um Anerkennung innerhalb der protestantischen Mehrheitsgesellschaft bemüht hatten. Der jetzige Schulterschluss mit der deutschen Nation kollidierte mit den Friedensbemühungen des Papstes, die im zweiten Teil im Vordergrund stehen. Drittens geht es um die spirituelle Praxis der Soldaten und die Relevanz religiöser Gefühle für deren militärisches Engagement. Insgesamt zeigt der Beitrag, wie die Kirchenhierarchie eigene „katholische Kriegsziele" entwickelte, die auf Positionsgewinne in der säkularen Gesellschaft und gegenüber den Protestanten hinausliefen. Angesichts dieser Hoffnungen war die päpstliche Friedensinitiative zum Scheitern verurteilt. In den Schützengräben aber waren die katholischen Kulte gerade wegen der Spürbarkeit ihrer Dingsymbole, die Schutz versprachen, Orientierung boten und Sinn stifteten, von hoher Attraktivität.

The Essay focuses on the relationship between Catholicism and First World War under three aspect. First it asks about the behavior of the German Theologians respectively the clerics, which tried to secure recognition among the Protestant majority in the years before the outbreack of the War. The then-solidarity of the German Nation collided with the peace effort of the Pope, which is analyzed in the second part of the essay. Thirdly it addresses the spiritual practice of the soldiers and the importance of their religious feelings for their military commitment. Altogether the essay shows how the hierarchy of the church developed their own "catholic war aims", aiming towards positional advantages in a secular society and among the Protestant community. In the light of this strategy the pontifical peace initiative was doomed to failure. Facing the reality of the trenches, the Catholic cults were highly attractive die to the noticeability of their icons, which promised protection, provided guidance and created meanings.

Gefühle im Krieg

Ute Frevert

I.

Käthe Kollwitz, die berühmte Berliner Malerin und Bildhauerin, war eine unstete Tagebuch-Schreiberin. Monatelang blieb sie stumm, dann wieder fasste sie das Geschehen mehrerer Wochen knapp zusammen. Selten datierte sie auf den Tag genau. Über die Monate Juni und Juli 1914 verfasste sie, wie üblich, nur kurze Abschnitte, berichtete über Todesfälle in der Familie, Besuche und das Verhältnis zur Mutter. In den langen, heißen Urlaubstagen, die das Ehepaar Kollwitz in Ostpreußen verbrachte, schwieg das Tagebuch ganz. Briefe, die Käthe in dieser Zeit an die Söhne schrieb, schwärmten von flimmernden Wiesen, einer weiten See und „rechten Sonnenuntergängen".

Politische Ereignisse fanden weder im Tagebuch noch in den Briefen statt. Dass nicht nur der Onkel an Lungenentzündung starb, sondern auch das österreichische Thronfolgerpaar an den Folgen eines Attentats, war keiner Rede wert. An der Kurischen Nehrung nahm Käthe Kollwitz offenbar auch keine Notiz von den Aufregungen, die dem Mord folgten. Die politisch so wache und kritische Künstlerin scheint im heißen Sommer 1914, wie viele ihrer Zeitgenossen, auf Durchzug geschaltet zu haben.

Umso konzentrierter war sie am 1. August. Bei ihrer Rückkehr aus Königsberg fand sie Berlin in heller Aufregung. Die Kaffeehäuser waren überfüllt, Militärkapellen spielten den Radetzky-Marsch, und junge Männer meldeten sich in Scharen zum Militär. Auch ihr Sohn Hans, 22 Jahre alt, gehörte dazu. Gemeinsam gingen Mutter und Sohn Wäsche einkaufen, bevor er in die Kaserne einrückte. In ihrem Tagebuch notierte sie am 6. August: „Wie Hans war in jenen Tagen! Ganz einfach. Bescheiden gab er sich hin ohne Worte. Dabei heiter. Ruhig und liebevoll. Er gibt seine junge unschuldige Brust." Die Mutter nahm die Metamorphose des Sohnes, dessen pathosreiche „Neigung zur Verstiegenheit" sie immer wieder bemängelt hatte, mit einer Mischung aus Erleichterung und Bewunderung zur Kenntnis. Auch sie selber empfand „ein Neu-Werden in mir. Als ob nichts der alten Werteinschätzungen noch standhielte, alles neu geprüft werden müßte. Ich erlebte die Möglichkeit des freien Opferns."[1]

Was meinte sie damit? Dachte sie an das Opfer von Zeit und Bequemlichkeit? Immerhin war sie rastlos in Sachen Kriegsvorbereitung unterwegs, pendelte zwischen Kasernenbesuchen, sozialdemokratischen Sitzungen und der Arbeit im Nationalen Frauendienst. Doch dieses Opfer, das sie „der Gesamtheit" brachte, wog federleicht im Vergleich zu dem, worüber sie am 10. August schrieb: dem Opfer ihres jüngsten Sohnes. An jenem Abend hatte der 18-jährige Peter den Vater um Erlaubnis gebeten, sich freiwillig melden zu dürfen. Karl Kollwitz, Arzt und Sozialdemokrat, bemühte sich nach Kräften, ihm den Plan auszureden. Aber Peter blieb fest und flehte die Mutter an, ihm beizuspringen: „Mutter, als du mich umarmtest, sagtest du: glaube nicht, daß ich feige bin, wir sind bereit." Und die Mutter gab nach und bat „den Karl für Peter": „Dieses Opfer zu dem er mich hinriß und zu dem wir Karl hinrissen."[2]

Nicht, dass sie nicht auch versucht hätte, den noch nicht gestellungspflichtigen Sohn von seinem Entschluss abzubringen. Aber die Argumente drangen nicht durch, und sie stand zu ihrer Entscheidung, beide Söhne „über sich selbst bestimmen" zu lassen. Bei allem Schmerz beneidete sie die junge Generation darum, dass sie „in ihrem Herzen ungeteilt" war: „Sie geben sich mit Jauchzen. Sie geben sich wie eine reine schlackenlose Flamme, die steil zum Himmel steigt. Diese an diesem Abend zu sehn [...], war mir sehr weh und auch wunder- wunderschön."[3]

So schrieb eine 47-jährige Frau mit ausgeprägtem Selbstbewusstsein und hoher Eigenständigkeit, Ehefrau eines sozialistischen Arztes, die selber der Sozialdemokratie nahestand und den Krieg verabscheute. 1911 und 1912 hatte sie an den Treptower Antikriegsdemonstrationen der SPD teilgenommen. Jetzt, im August 1914, las sie mit ihren Söhnen Liliencrons Kriegsnovellen, die Geschichte der Freiheitskriege und, auf Peters Wunsch, den Abschnitt „Vom Krieg und Kriegsvolke" aus Nietzsches *Zarathustra*: „Euren Feind sollt ihr suchen, euren Krieg sollt ihr führen und für eure Gedanken! [...] Der Krieg und der Mut haben mehr große Dinge getan als die Nächstenliebe [...] Ihr dürft nur Feinde haben, die zu hassen sind, aber nicht Feinde zum Verachten. Ihr müßt stolz auf euern Feind sein."[4]

---

1 KÄTHE KOLLWITZ, Juni 1914, in: KÄTHE KOLLWITZ, Die Tagebücher, hrsg. von JUTTA BOHNKE-KOLLWITZ, Berlin 1989, 147; KOLLWITZ, August 1914, in: a.a.O., 151; KÄTHE KOLLWITZ, Juli 1914, in: KÄTHE KOLLWITZ, Briefe an den Sohn 1914 bis 1945, hrsg. von JUTTA BOHNKE-KOLLWITZ, Berlin 1992, 89.

2 KOLLWITZ, August 1914, in: KOLLWITZ, Tagebücher (s. Anm. 1), 152.

3 A.a.O., 152. 154.

4 FRIEDRICH WILHELM NIETZSCHE, Also sprach Zarathustra. Ein Buch für Alle und Keinen, Wiesbaden o.J., 41f.

II.

Wie lässt sich diese Verwandlung erklären? Wie wurde aus einer entschiedenen Antikriegsdemonstrantin eine Mutter, die bereit war, ihre Söhne zu opfern? Da Käthe Kollwitz kein Einzelfall war und ihre Entwicklung deshalb nicht als rein individuell, in besonderen Umständen oder psychischen Konstellationen wurzelnd, abgetan werden kann, ist die Frage umso dringlicher.

Eine erste Antwort liegt darin, dass der Krieg allgemein als Verteidigungskampf wahrgenommen wurde. „Wir lesen den Blochschen Artikel in den Monatsheften", notierte Kollwitz am 16. August 1914 im Tagebuch. Der Autor Joseph Bloch, Herausgeber der *Sozialistischen Monatshefte*, hatte hier die Haltung der meisten Sozialdemokraten wiedergegeben, die „deutsche Nation" kämpfe „für eine innerlich gerechte Sache" und dürfe deshalb „den Willen zum Sieg" haben. Gerecht war es aus dieser Sicht, sich gegen den russischen „Despotismus" zur Wehr zu setzen; schließlich hatte das zaristische Regime sein Militär zuerst mobilisiert. Die Kriegsnachrichten aus Ostpreußen, „dem lieben bedrängten", versetzten die Kollwitz-Familie, die dort viele Verwandte hatte, in Angst und Schrecken.[5]

Allerdings verfiel sie darüber nicht, wie viele andere, in das, was Käthe Kollwitz das „heroisch Starrende dieser Kriegszeit" nannte, jenen „fast widernatürlich heraufgeschraubten Seelenzustand", den sie mit wachsendem Unbehagen beobachtete. Die „Jubelstimmung" passte ihrer Meinung nach schlecht „zu den grausamen Schlachten an beiden Grenzen, zu all dem Scheußlichen und Barbarischen, das man aus Ostpreußen und Belgien hört". Sie hielt sich demgegenüber an einem Bild des Krieges fest, das ritterlich-ehrenvoll getönt war. Zu lesen, „daß deutsche Soldaten in den Franctireurdörfern an Häusern Aufschriften machen wie: schonen! - wohnt alte Frau - haben mir Gutes erwiesen - nur alte Leute - Wöchnerin - usw.", berührte sie „wie himmlische Klänge".

Gelesen hatte Kollwitz all das in einem Artikel der *Frankfurter Zeitung*. Der Kriegsberichterstatter hatte darin genau das getan, was alle Kriegsberichterstatter an allen Fronten taten: Er hatte die eigenen Soldaten als menschlich, gutherzig, mitfühlend beschrieben und den Gegnern eben jene Eigenschaften abgesprochen. Aus deutscher Sicht waren Belgier oder Russen, Franzosen oder Engländer wie wilde Tiere, die heimtückisch und grausam darauf lauerten, den Deutschen die Augen auszustechen und die Hände abzuhacken. Die Gegenseite sah das, mit umgekehrten Vorzeichen, ebenso.[6]

5   KOLLWITZ, August 1914, in: KOLLWITZ, Tagebücher (s. Anm. 1), 154,158,790. Die weiteren Zitate 158f.
6   Vgl. Art. An der Front in Belgien, in: Frankfurter Zeitung (28.8.1914). Zur Propaganda s. JOHN HORNE /ALAN KRAMER, Deutsche Kriegsgreuel 1914. Die umstrittene Wahrheit, Hamburg 2004.

Nachdem deutsche Truppen die Grenzen nach Belgien und kurze Zeit später nach Nordfrankreich überschritten hatten, wurde das französische und britische Publikum förmlich überschwemmt von Darstellungen deutscher Soldaten, die Frauen und Kinder brutal niedertrampelten. Geradezu obsessiv verfassten Journalisten und Illustratoren Geschichten über verstümmelte weibliche Körper und gedemütigte Männer. In flächendeckend verbreiteten Broschüren, Plakaten, Postkarten und Zeitungsartikeln tauchten immer wieder zwei Bilder auf, die untrennbar miteinander verquickt waren: die sanften, hügeligen Landschaften Belgiens oder Frankreichs als Opfer der Invasion und die hilflosen, unschuldigen, tugendhaften Belgierinnen oder Französinnen als Opfer von Vergewaltigungen.[7]

Während die deutsche Verwaltung sich bemühte, solche Bilder als plumpe Propaganda abzutun, nutzten einige deutsche Intellektuelle, unter ihnen der Soziologe Max Weber, dieselbe Sprache, um Belgiens „Vergewaltigung" und „Kastration" zu kritisieren.[8] Eine völlig andere Ansicht vertrat dagegen der Freiburger Germanistikprofessor Philipp Witkop in einem Vortrag, den er 1915 vor deutschen Lehrern hielt. Darin pries er ein Lied, das den Fall von Liège/Lüttich in kaum verhüllter sexueller Bildersprache feierte. Die „Jungfer Lüttich", von Deutschland umworben, wählte einen anderen Liebhaber (Frankreich) und fiel dann doch wollüstig dem deutschen Eindringling anheim, der sie mit Gewalt nahm. Witkop sah in diesem Lied ein gelungenes Beispiel für die Verbindung gegenwartsbezogener und traditioneller Kriegslyrik und empfahl, es in jedem Klassenzimmer zu singen.[9]

Solche Bilder sexueller Gewalt riefen, in ihrer affirmativen ebenso wie in ihrer kritisch-anklagenden Verwendung, Vorstellungen von männlicher und weiblicher Ehre auf, die in der europäischen Kultur des 19. und frühen 20. Jahrhunderts tief verwurzelt waren. Weibliche Ehre war gleichbedeutend mit sexueller Integrität und ‚Reinheit'. Eine Frau, die sich diese Reinheit und Jungfräulichkeit nicht zu erhalten wusste, galt als ‚gefallen' – wobei der Ausdruck ‚gefallenes Mädchen' aufs Grellste kontrastiert mit jenen jungen Männern, die auf dem Feld der Ehre fielen.

Zwischen der sexuellen Ehre der Frauen und der militärischen Ehre von Männern gab es aber nicht nur Kontraste, sondern auch Zusammenhänge. Gerade in bürgerlichen Kreisen herrschte ein Ehrenkodex, der Männern die Verantwortung

---

7 Vgl. NICOLETTA F. GULLACE, Sexual Violence and Family Honour: British Propaganda and International Law during the First World War, in: American Historical Review 102 (1997), 714-747.

8 MAX WEBER, Zur Politik im Weltkrieg. Schriften und Reden 1914-1918, in: WOLFGANG J. MOMMSEN/GANGOLF HÜBINGER (Hrsg.), Max Weber-Gesamtausgabe, Bd. I/ 15, Tübingen 1988, 22, 70.

9 PHILIPP WITKOP, Der deutsche Unterricht, in: FRIEDRICH WILHELM FOERSTER, u.a. (Hrsg.), Der Weltkrieg im Unterricht. Vorschläge und Anregungen zur Behandlung der weltpolitischen Vorgänge in der Schule, Gotha 1915, 53-67, hier 60f.

dafür übertrug, die Ehre von Frauen zu verteidigen. Da Frauen als schwach und unfähig galten, sich sexueller Verführung oder Vergewaltigung tatkräftig entgegenzusetzen, war es die Aufgabe des starken, kämpferischen Männergeschlechts, sie vor Angreifern zu schützen oder sie dann, wenn sie bereits angegriffen worden waren, zu rächen. Männliche und weibliche Ehre waren damit aufs engste aufeinander bezogen: Ein Mann, der es an Einsatz für die Frauenehre fehlen ließ, hatte seine eigene Ehre wenn nicht verwirkt, so doch stark beschädigt.

Im Kontext kriegerischer Handlungen war die Aufrufung solcher Geschlechterbilder ein propagandistischer Akt von hoher politischer Symbolkraft. Wenn deutsche Soldaten belgische und französische Frauen vergewaltigten, handelten sie nicht nur, nach den Regeln des internationalen Kriegsrechts, ehrlos. Und sie beraubten auch nicht nur die Frauen ihrer Ehre. Sie machten zugleich die belgischen und französischen Männer ehrlos, die ihren Frauen eigentlich hätten beispringen müssen. Die beschämende Vergewaltigung war – Max Weber besaß dafür ein seltenes Gespür – im Grunde genommen zugleich eine schamvolle Kastration. Auch deshalb rückte die alliierte Kriegspropaganda immer wieder die belgischen Frauen in den Mittelpunkt und appellierte damit an Männer, sich ihrer Schutz- und Verteidigungspflicht nicht zu entziehen, um den Preis der eigenen Ehre.

III.

Zurück zu Käthe Kollwitz. Gegen die Schwarz-Weiß-Propaganda setzte sie ihre Vorstellung vom Krieg als ehrlich-ehrenvollen Kampf mit ritterlichen Soldaten, die den verwundeten Gegner und die Zivilbevölkerung schonten. Solche Ideen spukten auch in den Köpfen derer, die sich 1914 freiwillig zum Militär meldeten. Viele Studenten stellten sich den Krieg als ein großes Duell vor, das nach klaren, Respekt wahrenden Regeln verlief und in dem die Ehre der beteiligten Nationen auf dem Spiel stand. Für diese Ehre setzten sie bereitwillig ihr Leben ein, ganz wie es ihnen die vaterländische Erziehung in Schule und Elternhaus beigebracht hatte. Patriotischer Opfermut besaß im Kaiserreich einen hohen Kurswert, und nationale Ehrbegriffe waren in aller Munde. Dass die Ehre höher stand als das eigene Leben, leuchtete gerade jenen ein, die an Gymnasien, Universitäten und während des obligatorischen Militärdienstes in eine Kultur der Ehre hineinsozialisiert worden waren. Wer seine eigene Ehrenhaftigkeit hoch hielt, signalisierte zugleich die Bereitschaft, sie bei Bedarf in Mensur und Duell unter Beweis zu stellen und zu verteidigen.[10]

---

10 Vgl. dazu: UTE FREVERT, Ehrenmänner. Das Duell in der bürgerlichen Gesellschaft, München 1991.

Auch der Familie Kollwitz waren solche Ehrvorstellungen wohlvertraut. Dass man das eigene Leben für die Ehre des Vaterlandes opferte, schien ihr selbstverständlich, und selbst der kritische Vater Karl bewunderte die „herrliche Jugend", die „unter brausendem Volksgesang der ‚Wacht am Rhein'" ausrückte. Wer sich dem Ehrendienst entzog, handelte unehrenhaft. Käthes Nichte Regula Stern war „voll Zorn, daß die Familie Stern nur einen Soldaten, den Ulrich stellt", während andere drei und mehr gaben; offenbar fand ein Wettlauf um die größte Opferbereitschaft und die höchste Ehre statt.[11]

Die höchste, die allerhöchste Ehre: das war die Ehre der Nation. Sie war eine Erfindung des 19. Jahrhunderts, das die Ehre des Fürsten durch die der Nation ersetzt hatte. Unter nationaler Ehre verstand man dabei nicht nur die Ehre des Staates. Nationale Ehre war auch und vor allem die Ehre der Staatsbürger und damit ein überaus inklusives, vergemeinschaftendes Konzept.

Als solches wurde es auch genutzt, um den Krieg zu begründen und zu legitimieren, auf allen Seiten. Die Kriegserklärung des österreichischen Kaisers vom 28. Juli 1914 rechtfertigte den Krieg gegen Serbien mit der „Wahrung der Ehre Meiner Monarchie".[12] Als der russische Botschafter in Wien seinem deutschen Kollegen die Mobilisierung in seinem Land ankündigte, fügte er hinzu, „Russland sei in seiner Ehre als Grossmacht gekränkt und genötigt, entsprechende Massnahmen zu ergreifen".[13] Am 4. August erklärte der deutsche Kaiser, er sehe sich gezwungen, das Schwert zu ziehen, um einen ungerechtfertigten Angriff abzuwehren und für die nationale Ehre zu kämpfen.[14] Zwei Tage später erklärte der britische Premierminister Asquith im Unterhaus, wofür man kämpfe: „Zuerst, um eine feierliche internationale Verpflichtung zu erfüllen, eine Verpflichtung, die unter Privatpersonen, im gewöhnlichen Leben, nicht nur als Rechtspflicht, sondern auch als Ehrenpflicht angesehen werden würde, der sich niemand, ohne seine Selbstachtung zu verlieren, entziehen könnte."[15]

Asquith verknüpfte hier gezielt nationale und persönliche Ehre und lenkte damit die Aufmerksamkeit auf die zugrunde liegende Kultur der Ehre, die im

---

11 KOLLWITZ, August 1914, in: KOLLWITZ, Tagebücher (s. Anm. 1), 152.59.

12 Die Kriegserklärung des österreichischen Kaisers an Serbien 1914 wurde in Zeitung und Plakaten bekannt gegeben, Vgl. Art. An meine Völker, in: Wiener Zeitung, 175 (29. Juli 1914).

13 So der österreichisch-ungarische Außenminister an seinen Botschafter in Berlin, 29. Juli 1914, zitiert in: IMMANUEL GEISS (Hrsg.), Julikrise und Kriegsausbruch 1914, Bd. 2, Hannover 1964, 259.

14 Thronrede zur Eröffnung des Reichstags, 4. August 1914, zitiert in: MICHAEL A. OBST (Hrsg.), Die politischen Reden Kaiser Wilhelms II. Eine Auswahl, Paderborn 2011, 364–366.

15 HERBERT HENRY ASQUITH, Der Krieg, seine Ursachen und seine Mahnung. Sechs Reden des britischen Ministerpräsidenten August–Oktober 1914, Lausanne 1914, 7.

Europa des langen 19. Jahrhunderts allgegenwärtig war. Und er lenkte die Aufmerksamkeit auf die Geschlechterbilder, die diese Ehre kodierten. Belgien, von den Deutschen überrannt, vertrat die weibliche Rolle, Großbritannien die männliche, beschützende. Noch deutlicher waren die Worte, die David Lloyd George, britischer Finanz- und künftiger Premierminister, in einer Rede vor großem Publikum in der Queen's Hall in London am 19. September 1914 fand. „Die Ehre der Nation", behauptete er, sei keine bloße Erfindung, sondern „eine Realität, und jede Nation, die sie nicht hochhält, ist zum Untergang verurteilt". Belgiens Freiheit und Unversehrtheit zu verteidigen sei „eine Ehrenschuld". Wären die Briten Belgien nicht zu Hilfe gekommen, „wäre die Kunde von unserer Schande für alle Zukunft unüberhörbar gewesen". Dabei gehe es, wie Lloyd George insistierte, nicht bloß um die Einhaltung von Verträgen, sondern auch um die moralische Pflicht, einem kleinen, schwachen Land zu helfen, das von seinem mächtigen Nachbarn „brutal misshandelt" werde. Mit anderen Worten: Es handelte sich um einen Akt der Ritterlichkeit, und selbstverständlich vergaß der Politiker nicht, die ermordeten „Frauen und Kinder" als Mahnung aufzurufen.[16]

Eine ähnliche Logik galt in Russland, das die Verteidigung des „kleinen" Serbien gegen Österreich-Ungarn zur Ehrensache machte. Deutschland brachte das Ehrenwort ins Spiel, das es dem Habsburgerreich für den Gefahrenfall gegeben hatte. Dem Kaiser zufolge wollte die deutsche Nation „in entschlossener Treue zu unserem Bundesgenossen stehen, der um sein Ansehen als Großmacht kämpft und mit dessen Erniedrigung auch unsere Macht und Ehre verloren ist".[17] Für Frankreich war es ein *point d'honneur*, die Rückgabe Elsass-Lothringens zu fordern. Die militärische Niederlage 1870, als die Preisgabe der territorialen Integrität zugelassen werden musste, hatte die französische Nation zutiefst „beschämt", und die „verlorenen Provinzen" brannten wie ein Schandmal im französischen Staatskörper. Geschlechterstereotype illustrierten ihr Martyrium unter deutscher Herrschaft. Auf Postkarten und Plakaten erschienen die Provinzen als junge Mädchen in traditioneller Tracht, die verzweifelt auf Rettung und Rückkehr ins Mutterland warteten. Besatzung und Annexion galten als Vergewaltigung und als Bedrohung der Ehre von Mutter Frankreich. Deren Söhne griffen schließlich als *soldats-citoyens*, als Bürger-Soldaten zu den Waffen, um das

---

16 David Lloyd George, Honour and dishonour. A speech by the Right Hon. D. Lloyd George at the Queen's hall, London, Sept. 19, 1914, London 1914, 2,7,10. (Übersetzung durch die Verfasserin.)

17 Aufruf an das deutsche Volk, 6. August 1914, abgedruckt in: Ernst Johann, (Hrsg.), Reden des Kaisers. Ansprachen, Predigten und Trinksprüche Wilhelms II. München 1966, 126. Am 10.1.1915 wurde nachträglich eine Tonaufzeichnung angefertigt: http://www.wilhelm-der-zweite.de/dokumente/redekriegsbeginn.php (zuletzt abgerufen am 03.02.2015).

Mutterland gegen die deutschen ‚Barbaren' zu verteidigen und Elsass-Lothrin-
gen von der maskulinen deutschen Präsenz zu befreien.[18]

IV.

Die Sprache der Ehre, wie sie Politiker und Propagandisten benutzten, fand gesellschaftlich regen Widerhall. In den millionenfach gereimten und veröffentlichten
Kriegsgedichten spielte sie eine zentrale Rolle. Stellvertretend sei hier das Kriegs-
sonnet des 26-jährigen Rupert Brooke zitiert: „Honour has come back, as a king, to
earth / And paid his subjects with a royal wage; / And Nobleness walks in our ways
again; / And we have come into our heritage."[19] Brooke starb übrigens im April 1915
auf dem Weg nach Gallipoli, an einem infizierten Moskito-Stich.

Im April 1915 war Peter Kollwitz, neun Jahre jünger als Brooke, bereits sechs
Monate tot, gefallen in Flandern. Womöglich hatte er in den wenigen Wochen,
die er fürs Vaterland kämpfte, eine ähnliche Erfahrung gemacht wie der Gießener
Student Alfred Buchalski. Dieser schrieb im Oktober 1914, kurz bevor auch er auf
dem Feld der Ehre blieb: „Die ganze Kampfesweise ist es, die abstößt. Kämpfen wollen und sich nicht wehren können! Der Angriff, der mich so schön dünkte, was
ist er anders als der Drang: hin zur nächsten Deckung da vorn gegen diesen Ha-
gel tückischer Geschosse. Und der Feind, der sie entsendet, nicht zu sehen!"[20] Mit
Buchalskis Mensurerfahrungen hatte das nichts zu tun, und auch vom klassischen
Duell – Mann gegen Mann, auf Augenhöhe, mit gleichen Waffen und unter gleichen Bedingungen – war der industrialisierte Krieg, so wie er seit 1914 wütete, weit
entfernt.

Trotzdem hielten viele Soldaten an diesem Bild und seiner Strahlkraft fest, wenn
auch zumeist wider alle Evidenz. Ernst Jünger, der den Horror des Krieges in seinen
Tagebüchern und dem 1920 erschienenen Buch In *Stahlgewittern* so minutiös wie
kaum ein anderer dokumentierte, schrieb oft von Kampfhandlungen als „Duell", und
er versagte den Feinden, wenn sie mutig und tapfer waren, weder Bewunderung noch

---

18 Vgl. die kommentierte Plakatsammlung: http://muriel.lucot.free.fr/IMG/pdf/14—18—affiche.pdf
    (zuletzt abgerufen am 03.02.2015) sowie OURIEL RESHEF, Guerre, mythes et caricature: Au berceau
    d'une mentalité française, Paris 1984, Kap. 1; MICHAEL BURNS, Families and Fatherlands: The lost
    provinces and the case of Captain Dreyfus, in: ROBERT TOMBS (Hrsg.), Nationhood and Nationa-
    lism in France, London 1991, 50–62.

19 RUPERT BROOKE, The Dead (1914), in: RUPERT BROOKE (Hrsg.), The complete poems of Rupert
    Brooke, London 1932, 146.

20 PHILIPP WITKOP, Kriegsbriefe gefallener Studenten, München 1929, 16.

Achtung. Als junger Leutnant gewann er dem Krieg „einen hohen Reiz" ab: „Man lebt, man erlebt, man gelangt zu Ruhm und Ehren das alles nur um den Einsatz eines armseligen Lebens." Nach vier Jahren Kriegseinsatz, zahlreichen Verwundungen und hohen Ehrenzeichen zog er, der „mit Leib und Seele Soldat" war, gleichwohl eine nüchterne Bilanz: „Im Kriege gähnen neben gipfelnden Werten [...] Abgründe tierischster Erbärmlichkeit. Da, wo ein Mensch die beinah göttliche Stufe der Vollkommenheit erreicht hat, die selbstlose Hingabe an ein Ideal bis zum Opfertode, findet sich ein anderer, dem kaum erkalteten gierig die Taschen zu durchwühlen." Letzteres gelte es objektiv zu berichten und „Unehrenhaftes nicht nur in den Reihen der Feinde" zu beleuchten.[21]

Dass der neue, hochtechnisierte Massenkrieg die alten Konzepte von Ehre und Unehre grundlegend untergraben hatte, las man bei Jünger nur zwischen den Zeilen. Offenbar fiel es gerade aktiven Kriegsteilnehmern ungemein schwer, sich davon zu verabschieden. Was blieb denn übrig, wenn sie es taten? Reichte blanke Kameradschaft, der soldatische Einsatz füreinander, aus, um die Strapazen und Kosten zu rechtfertigen? Oder brauchte es ein Höheres in Gestalt nationaler Ehre, der man sich „bis zum Opfertode" selbstlos hingab?

An der Heimatfront stellte man sich ähnliche Fragen. Hingabefähig waren klassischerweise, dem bürgerlichen Geschlechtermodell folgend, eher Frauen als Männer. Bei Kriegsbeginn wurde nun aber eine andere Art von Hingabe von ihnen gefordert: nicht die Hingabe der eigenen Person, sondern die der Söhne. Gabriele Reuter, eine bekannte Schriftstellerin, veröffentlichte Ende August 1914 einen Artikel, in dem sie mit ihren Geschlechtsgenossinnen hart ins Gericht ging: „Ich fürchte", schrieb sie, „es gibt unter uns einige, die weniger um die Ehre des Vaterlandes als um die eigene Existenz bangen, die sich erbittern lassen, weil ihrer Selbstsucht plötzlich Opfer zugemutet werden". Selbstsüchtig fand es Reuter, Söhnen und Ehemännern die Bahn zu versperren „zu Gefahr, Ruhm und glorreichem Tode". Was die neue Zeit stattdessen fordere, sei die „Hingabe des Liebsten, das Frauen besitzen, für den blutigen Dienst ums teure deutsche Land". Diese Hingabe solle mit der „Wollust wilden Glückes" geschehen.[22]

Als Käthe Kollwitz diesen Artikel las, reagierte sie bestürzt und entsetzt. Obwohl sie selber ihrem jüngsten Sohn den Weg zu „Gefahr, Ruhm und glorreichem Tode" geebnet hatte, empfand sie Reuters emphatisches Bild von der „Wollust des Opferns" als unangemessen. Und sie fragte sich ihrerseits: „Wo nehmen alle die Frauen, die aufs

---

21 ERNST JÜNGER, Kriegstagebuch 1914–1918, hrsg. von HELMUT KIESEL, Stuttgart 2010, 96, 432f. Siehe auch ERNST JÜNGER, In Stahlgewittern, Stuttgart ³⁰1986.

22 GABRIELE REUTER, Art. Was fordert der Krieg von den Frauen?, in: Der Tag, 199 (26.8.1914).

Sorgfältigste über das Leben ihrer Lieben gewacht haben, den Heroismus her, sie vor die Kanonen zu schicken? Ich fürchte nach diesem Seelenaufschwung kommt eine desto schwärzere Verzweiflung und Verzagtheit nach. Die Aufgabe ist es, nicht nur in diesen Wochen sondern lange zu tragen, auch im trostlosen Novemberwetter – auch wenn von neuem das Frühjahr kommt, der März der Monat der jungen Menschen, die leben wollten und dann tot sind."[23]

Peter Kollwitz erlebte weder den trostlosen November noch das märzliche Frühlingserwachen. Sein Tod am 22. Oktober 1914 wurde den Eltern eine Woche später mitgeteilt. Sofort brachen die täglichen Tagebucheinträge der Mutter ab. Erst nach zehn Tagen war Käthe Kollwitz wieder in der Lage, den Stift zu führen. Am 1. Dezember fasste sie den Plan zu einem „Denkmal für Peter", das zugleich dem „Opfertod der jungen Kriegsfreiwilligen gelten" sollte. „Ich will Dich ehren mit dem Denkmal. Alle die dich lieb hatten behalten Dich in ihrem Herzen, weiter wirst Du wirken bei allen, die Dich kannten und Deinen Tod erfuhren. Aber ich will Dich noch anders ehren. Den Tod von Euch ganzen jungen Kriegsfreiwilligen will ich in Deiner Gestalt verkörpert ehren. In Eisen oder Bronze soll das gegossen werden und Jahrhunderte stehn."[24]

Wieder begegnet hier die Zweieinigkeit von Ehre und Opfer. Ebenso wie man der (nationalen) Ehre das eigene Leben zu opfern hatte, brachte dieses Opfer Ehre. Mit Genugtuung vermerkte Käthe Kollwitz am 3. Dezember 1914, dass sich die Abgeordneten des Reichstags „zu Ehren der gefallenen Soldaten" von den Plätzen erhoben hatten: „Auch Dich ehrten sie."

Für die trauernde Mutter war der Hinweis auf die Ehre, die der „Opfertod" des Sohnes ihm posthum einbrachte, tröstlich. Dass Peter auf dem Feld der Ehre gefallen und geblieben war, dass er, ebenso wie seine Freunde und Kameraden, die sich freiwillig gemeldet hatten, für die Ehre des Vaterlandes und der Nation gestorben war, machte ihr diese Ehre umso wertvoller. Der Kriegstod des Liebsten führte nicht dazu, das, wofür er gefallen war, in Frage zu stellen, im Gegenteil: Er blockierte Kritik und Zweifel, verhinderte das Sich-Abwenden und schwor die Hinterbliebenen auf Loyalität ein.

V.

Was aber passierte mit jenen, die keinen ehrenvollen Tod auf dem Schlachtfeld fanden, sondern in Kriegsgefangenschaft gerieten? Dieses Los teilten im Ersten Weltkrieg fast 6,6 Millionen Männer, und vielen gab es Anlass zu Scham und

---

23 KOLLWITZ, August 1914, in: KOLLWITZ, Tagebücher (s. Anm. 1), 158.
24 Dieses und das folgende Zitat: a.a.O., 177.

Beschämung. Zwar schrieben die Haager Landkriegsordnungen von 1899/1907 vor, Kriegsgefangene menschlich und würdig zu behandeln, sie unter Umständen sogar „auf Ehrenwort" zu entlassen. Lokale Behörden mahnten die Zivilbevölkerung zur Rücksichtnahme, und Gabriele Reuter appellierte an die deutschen Frauen, „dem gefangenen und verwundeten Feinde gütig und doch mit unnahbarer Hoheit hilfreich" zu sein.[25] Hintergrund solcher Appelle war, dass es offenbar zahlreiche Bürger an jener Hoheit und Güte fehlen ließen. Entweder zeigten sie zu viel Interesse (was man vor allem Frauen im Umgang mit französischen oder belgischen Gefangenen nachsagte und als anstößig empfand), oder sie begegneten den Gefangenen mit unziemlicher Häme und Feindschaft. Für Käthe Kollwitz war es „sehr rührend" zu lesen, „daß gefangene französische Soldaten wenn sie eingebracht werden sich vor Scham das Gesicht bedecken". Die „Anhäufung gefangener Feinde" wirkte auf sie „deprimierend. Es erinnert etwas an Hagenbeck", an die Tier- und Völkerschauen, die damals viel Publikum anzogen. Gefangene Soldaten, „kleine elende Menschen" anzugaffen, empfand Kollwitz als beschämend und entehrend – sowohl für diejenigen, die gafften, als auch für die, die begafft wurden.[26]

Von Scham und Beschämung war auch die Rede, als die Künstlerin nach Kriegsende über eine „Demonstration der Kriegskrüppel" in Berlin berichtete: „Es ist scheußlich beschämend für die Beschädigten wie für die Zuschauer, daß die Menschen da ihre Schäden demonstrativ zeigen." Nur in einer „gewaltig zornig wirkenden Demonstration" wäre das sinnvoll und passend, als ultimative politische Forderung an Staat und Gesellschaft, der Pflicht und dem Versprechen auf Invalidenversorgung nachzukommen. Warum Kollwitz die Zurschaustellung der Kriegsversehrungen „scheußlich beschämend" fand, erläuterte sie nicht weiter. Möglicherweise hatte sie, wie viele, Schwierigkeiten, sich an den Anblick der Verstümmelten zu gewöhnen. Er passte nicht zum Bild des heroischen, opferwilligen Kriegers, der entweder auf dem Feld der Ehre blieb oder stolz in die Heimat zurückkehrte. Ähnlich kommentierte Harry Graf Kessler den Zug der „Unglücklichen" am 22. Dezember 1918: „Es war ein peinliches Schauspiel", als eine heimkehrende Division „im Stahlhelm und geschmückt mit Blumen" Unter den Linden marschierte und auf einmal von „Scharen von Kriegsverstümmelten, die ihre Krücken hochhoben", bedrängt und aufgehalten wurde. „Alle Gesichter waren ernst, die Stimmung bedrückt, das Publikum ärgerlich, aber still."[27]

---

25 REUTER, Art. Was fordert der Krieg von den Frauen? (s. Anm. 22).

26 KOLLWITZ, August 1914, in: KOLLWITZ, Tagebücher (s. Anm. 1), 158; KOLLWITZ, September 1914, in: a.a.O., 165. Vgl. dazu auch UTA HINZ, Gefangen im Großen Krieg. Kriegsgefangenschaft in Deutschland 1914–1921, Essen 2006.

27 KÄTHE KOLLWITZ, Dezember 1918, in: KOLLWITZ, Tagebücher (s. Anm. 1), 390; HARRY GRAF KESSLER, Tagebücher 1918–1937, hrsg. von WOLFGANG PFEIFFER-BELLI, Berlin 1967, 78.

Ärger empfand das Publikum über die unziemliche Störung des feierlichen Einzugs jener Soldaten, die unbeschadet an Leib und Leben von den Kriegsschauplätzen zurückkamen. Ob ihre Ehre den Krieg ebenfalls intakt und unversehrt überstanden hatte oder gar gemehrt worden war, stand gleichwohl in Frage. Für Ernst Jünger war mit der Niederlage „auch die Ehre verloren", und ihm blieb nur die „ehrenvolle Erinnerung an die herrlichste Armee, die je existiert und an den gewaltigsten Kampf, der je gefochten wurde".[28] Käthe Kollwitz sah das anders – anders als Jünger, und vor allem anders als Richard Dehmel. Dehmel, ein berühmter und eher links stehender Lyriker, hatte seine Vorstellungen von Ehre während des Krieges offenbar nicht geändert. 1914 hatte sich der 50-Jährige freiwillig gemeldet und war bis zu einer schweren Verwundung 1916 Soldat gewesen. Am 22. Oktober 1918 appellierte er im sozialdemokratischen *Vorwärts* an den „Opfermut des Ehrgefühls" und rief alle deutschen Männer zur „Verteidigung unserer Volksehre" auf. Er selber ging mit gutem Beispiel voran und meldete sich zur Front, obwohl er als Kriegsbeschädigter zum Garnisonsdienst zurückgestellt war.[29]

Käthe Kollwitz, die an jenem 22. Oktober den vierten Todestag ihres Jüngsten erinnerte, war „hin- und hergerissen". Einerseits dachte sie an die beiden Söhne im Herbst 1914, an deren ernsten Enthusiasmus und den Opfermut des damaligen Ehrgefühls. Andererseits war ihr klar: „Was damals sein mußte, muß jetzt nicht sein. Jetzt ist ein anderes Gebot." Darin sah sie sich auch durch einen engen Freund Peters bestärkt, der 1916 schwer verwundet worden war und als einziger aus dem Freundeskreis den Krieg überlebt hatte. „Er sagte mir, und das war mir sehr wichtig, er würde jetzt nicht mehr freiwillig gehn."[30]

In einer leidenschaftlichen Entgegnung, die der *Vorwärts* acht Tage später druckte und die auch in der bürgerlichen *Vossischen Zeitung* erschien, wandte sie sich gegen Dehmels „Appell an die Ehre": „Man hat tief umgelernt in diesen vier Jahren. Mir will scheinen, auch in Bezug auf den Ehrbegriff." Nicht jede Niederlage sei per se, wie Dehmel meinte, „schmachvoll". Selbst wenn die Kriegsgegner und Sieger einen „Gewaltfrieden" oktroyierten, gehe Deutschlands Ehre damit ebenso wenig verloren „wie die Ehre eines einzelnen Menschen, der sich überstarken Mächten beugt": „Seine Ehre soll Deutschland daran setzen, das harte Geschick sich dienstbar zu machen, innere Kraft aus der Niederlage zu ziehen, entschlossen der ungeheuren Arbeit, die vor ihm liegt, sich zuzuwenden."[31]

---

28 JÜNGER, Kriegstagebuch (s. Anm. 21), 434.

29 KOLLWITZ, Oktober 1918, in: KOLLWITZ, Tagebücher (s. Anm. 1), 839f.

30 A.a.O., 839, 376.

31 A.a.O., 840f.

Mit dieser klaren Positionierung hatte es sich Kollwitz nicht leicht gemacht. Keineswegs wollte sie den eigenen Söhnen in den Rücken fallen. Die ganzen Jahre über hatte sie still gehalten und jeden Zweifel bekämpft. Obwohl sie seit 1915 zunehmend von Kriegsmüdigkeit und Ekel schrieb, rief sie sich immer wieder zur Ordnung: „Wenn ich dann an Peter denke so fühle ich auch wieder das andere. Wer nicht das erlebt hat was wir erlebt haben und mit uns alle die, die vor einem Jahr ihre Kinder hingaben, der kann in dem Krieg nur das Negative sehn. Wir wissen mehr." Das freiwillige Opfer des Sohnes, seine gläubige Begeisterung und fromme Hingabe an die „Idee der Vaterlandsliebe" waren ihr Vermächtnis, daran fühlte sie sich bis zum Schluss gebunden, auch wenn sie je länger, desto mehr „nur noch den Wahnsinn" und das Verbrecherische des Krieges sehen konnte.[32]

Eben dieses Vermächtnis und Erbe bewogen sie auch, im *Vorwärts* vom 17. November 1918 einen Aufruf „an die Berliner" zu veröffentlichen, die heimkehrenden Soldaten ehrenvoll und freudig zu empfangen. „Als sie auszogen, waren sie blumengeschmückt und eine jubelnde Menge gab ihnen das Geleit. Jetzt, wo sie wiederkommen nach vollen vier Jahren des Kämpfens, Leidens, Blutens rührt sich keine Hand zum Empfang." Die Behörden sollten bekanntgeben, wann die Züge einträfen, „und wir wollen die Bahnhöfe mit roten Fahnen und Girlanden schmücken". Zusammen mit einer Freundin suchte sie den Berliner Bürgermeister auf, um sicherzustellen, dass Stadt und Kommandantur das Ihre täten, um den Soldaten einen angemessenen Empfang zu bereiten. Sie selber hängte nicht die rote, sozialistische Fahne aus dem Fenster, sondern „die *deutsche* allgemeine schwarz-weiß-rote Fahne. Die liebe deutsche Fahne", nämlich die, unter der ihre Söhne seinerzeit ins Feld gezogen waren. Aber an ihrer Spitze wehten „lange rote Republikwimpel", die die neue Zeit ankündigten – und ein „grüner Tannenkranz" als „Zeichen der Begrüßung" und der Trauer für „alle Niewiederkommenden".[33]

So wie Käthe Kollwitz fühlten damals viele Deutsche. Begriffe von Opfermut und Vaterlandsliebe, von nationaler Ehre und Beschämung besaßen für sie noch einen hellen Klang. Und selbst als sie voll Zorn begriffen, dass man sie in ihrer „Überzeugtheit von Deutschlands Recht und der Verteidigungspflicht" getäuscht hatte und die deutsche Regierung am Ausbruch des Krieges durchaus nicht unschuldig gewesen war, quittierten sie diesen „furchtbare[n] Betrug" noch nicht mit radikaler Abwendung. „Das Opfer der Jungen selbst und unseres – bleibt es nicht wie es war?"[34]

---

32 A.a.O., 200, 279f.
33 A.a.O., 844, 386.
34 A.a.O., 359f.

Abstract

Kein Krieg kommt ohne große Gefühle aus: Gefühle von Ehre und Schande, Opfer und Hingabe. Die Propaganda des Ersten Weltkriegs suchte sie durch Wort und Bild zu mobilisieren, auf allen Fronten und in allen kriegführenden Ländern. Aber wie gingen die Menschen, die den Krieg erlebten und aushalten mussten, mit ihren Gefühlen um? Wie brachten sie persönlichen Schmerz und Trauer mit der patriotischen Gefühlspolitik in Einklang? Der Beitrag nutzt u.a. die Tagebuchaufzeichnungen der Berliner Künstlerin Käthe Kollwitz, um diese und andere Fragen zu beantworten.

All wars involve strong emotions: honor and shame, sacrifice and dedication. With the use of words and pictures World War I propaganda tried to mobilize emotions on all fronts and in all belligerent countries. But how did people who had to experience and endure the war deal with their feelings? How did they reconcile their personal pain and grief with the official patriotic line? Based on the diaries of Berlin artist Käthe Kollwitz as well as on other sources the article explores these and further relevant questions.

Die Büchse der Pandora des 20. Jahrhunderts

Der Erste Weltkrieg als Umbruch von Erwartungen und Erfahrungen

Jörn Leonhard

1. Einleitung: August 1914 – Erwartungen und Erfahrungen im Umbruch

„Von Mund zu Mund wurde es geflüstert. Mit Windeseile flog die Sorge über die Riesenstadt und hinterließ eine bleierne Ruhe. Die Büros wurden geschlossen, die Fabriken machten Feierabend, der Kaufmann ließ die Jalousien vor dem Ladenfenster herunter, die Restaurants waren leer. Blasse Männer eilten nach Hause. Die Bahnen in die Vororte wurden bestürmt. Von Jubel war nirgendwo etwas zu bemerken, aber auch nicht von Angst. Ein entschlossener Ernst sprach aus allen Gesichtern. Um vier Uhr war Berlin wie ausgestorben. Gegen fünf Uhr strömte es von den Vororten wieder nach Berlin herein. Heute Abend musste die endgültige Entscheidung fallen ... In geschlossenen Gruppen zog die Menge durch die Straßen. Viel gesprochen wurde nicht. Auch für die Polizisten gab es keine Arbeit. Ein Bann lag über allem ... Da kam Leben in die Menge. Ein Strom floss die Linden herunter. Plötzlich leuchteten die elektrischen Lichtreklamen, die bisher erloschen waren, auf. Ihre Flammenzeichen schrien hinaus: Krieg, mobil! Und die Menge schrie mit: ‚Krieg, Krieg'."[1]

Ein Jahr vor den Schüssen von Sarajewo am 28. Juni 1914 war in Berlin bereits in fünfter Auflage ein Roman erschienen. Er schilderte in der damals populären Form einer Zukunftsfiktion den möglichen Ablauf eines Kriegsausbruchs und einer allgemeinen Mobilmachung in Deutschland. Ausgangspunkt des Zukunftsromans *Kriegs-mobil* war die Situation in der deutschen Metropole nach dem Eingang eines russisch-französischen Ultimatums.

Schon in dieser Fiktion von 1913 ging die antizipierte Stimmung bei einem möglichen Kriegsausbruch nicht in einer befreienden Euphorie, einer Welle von Patriotismus und bejahender Kriegsbegeisterung auf. Stattdessen überwog auch in der Fiktion eine besondere Mischung aus Anspannung und Stille, Konzentration und Angst. Diese Überlagerung von ganz widersprüchlichen Emotionen zeigte sich dann auch in der Wirklichkeit des August 1914. Franz Kafkas berühmt gewordene,

---

[1] Krieg-mobil, zitiert nach: BERND ULRICH/JAKOB VOGEL/BENJAMIN ZIEMANN (Hrsg.), Untertan in Uniform. Militär und Militarismus im Kaiserreich 1871–1914. Quellen und Dokumente, Frankfurt/M. 2001, 215–216.

unbeabsichtigt lakonische Tagebucheintragung vom 2. August 1914 – „Deutschland hat Rußland den Krieg erklärt. – Nachmittag Schwimmschule" – kam in ihrem eigentümlich unverbundenen Nebeneinander von Epochenwende und Alltag der unmittelbaren Wahrnehmung der Zeitgenossen wohl näher als die nachträglichen Versuche, den August 1914 zum historischen Wendepunkt zu stilisieren und ihm aus der Retrospektive einen Sinn zuzuweisen, der sich erst aus den Folgen des Krieges ergeben konnte.[2]

Von Anfang an nahmen die bürgerlichen Eliten und zumal die deutschen Intellektuellen weise Anteil an diesem Krieg, betonten demonstrativ ihre Verbundenheit mit der eigenen Nation im Krieg. Und doch mischte sich in diesen Kulturkrieg schon im Sommer 1914 ein eigentümliches Bewusstsein vom Umbruch der Zeit, der alle Werte und Erfahrungen in Frage zu stellen schien. Am 2. August 1914 hielt Ernst Troeltsch, Professor der Theologie an der Universität Heidelberg, eine bemerkenswerte Rede. Sie ging nicht auf im situativen Patriotismus der Stunde, in den „Ideen von 1914", die man gegen die französischen Ideen von 1789 und später gegen den Händlergeist der Engländer ausspielte, sondern blickte über den Moment hinaus.[3] Troeltsch führte aus, dass dieser Krieg nicht mehr mit den poetischen Waffen und im Zeichen ritterlicher Kampfethiken des frühen 19. Jahrhunderts ausgetragen werde. Im Zeichen von neuen Maschinenwaffen war ein klassischer Heldenkampf nicht mehr vorstellbar, und Troeltsch ahnte bereits die Dimensionen eines unabsehbar langen Krieges: „Es sind die technischen, mühseligen Waffen des modernen Krieges mit unendlicher Vorbereitung und Berechnung, mit der Unsichtbarkeit des Gegners und der Bedrohtheit aus unbekannten Richtungen, mit der verwickelten Fürsorge für ungeheure Massen und einem gewaltigen Sicherungs- und Deckungsdienst. Es sind Waffen der Berechnung, der Besonnenheit, der Ausdauer, und nur an einzelnen Höhepunkten gibt es das dramatische Heldentum, nach dem die Seele der Jugend lechzt."[4]

---

2   Franz Kafka, Tagebücher, Textband, in: Franz Kafka, Schriften, Tagebücher, Briefe. Kritische Ausgabe, hrsg. von Hans-Gerd Koch/Michael Müller/Malcolm Pasey, Frankfurt/M. 1990, 543; Jörn Leonhard, Die Büchse der Pandora. Geschichte des Ersten Weltkriegs, München ⁵2014, 128–129.

3   Jörn Leonhard, „Über Nacht sind wir zur radikalsten Demokratie Europas geworden" – Ernst Troeltsch und die geschichtspolitische Überwindung der Ideen von 1914, in: Friedrich Wilhelm Graf (Hrsg.), „Geschichte durch Geschichte überwinden". Ernst Troeltsch in Berlin, Gütersloh 2006, 205–230; Gangolf Hübinger, Ernst Troeltsch, in: Gerhard Hirschfeld/Gerd Krumeich/Irina Renz (Hrsg.), Enzyklopädie Erster Weltkrieg, Paderborn ²2004, 926–927.

4   Ernst Troeltsch, Nach der Erklärung der Mobilmachung, 2. August 1914, in: Peter Wende (Hrsg.), Politische Reden, Bd. 3: 1914–1945, Frankfurt/M. 1994, 9–19, hier: 10–12; vgl. auch a.a.O., 15–16.

Vor allem aber war sich der Heidelberger Theologe sicher, dass der Krieg alle überkommenen Sicherheitsversprechen, die auf Rationalität beruhenden sozialen und staatlichen Ordnungsstrukturen aus dem 19. Jahrhundert und damit auch die Basis bürgerlicher Kultur radikal in Frage stellen werde: „So zerbrechen auch uns heute alle rationellen Berechnungen. Alle Kurszettel und Kalkulationen, die Versicherungen und Zinsberechnungen, die Sicherstellungen gegen Unfälle und Überraschungen, der ganze kunstreiche Bau unserer Gesellschaft hat aufgehört, und über uns allen liegt das Ungeheure, das Unberechenbare, die Fülle des Möglichen."[5]

Jeder Krieg sei ironisch, weil jeder Krieg schlimmer als zuvor erwartet sei. Dieses berühmte Diktum von Paul Fussell gilt in paradigmatischer Weise für das, was sich im August 1914 vollzog.[6] Kriegserwartungen und Kriegserfahrungen sollten bereits innerhalb der ersten Tage, Wochen und Monate so weitgehend auseinanderfallen wie in keinem anderen Krieg zuvor. Das machte einen entscheidenden Teil des brutalen Wirklichkeitsumbruchs aus, der sich bereits im August 1914 zeigte – nun aber nicht mehr allein in Kasernen und auf städtischen Plätzen, in Wohnzimmern und auf Bauernhöfen, sondern auf den glühend heißen Feldern Belgiens und Nordfrankreichs, in den Wäldern Galiziens und Ostpreußens. Jetzt wurden die ganz unterschiedlichen Erwartungen mit einer Explosion von Gewalterfahrungen konfrontiert, die alle Projektionen binnen kurzer Frist entwerteten. Wenn sich bereits in der Julikrise 1914 die verheerenden Wirkungen von grundlegenden Misskalkulationen, von verfehlten Wirkungsannahmen, von Handlungsdruck und individuellen Überforderungen gezeigt hatten, so galt das zugespitzt auch für den Auftakt des konkreten Krieges. Die Akteure mochten im Sommer 1914 mit dem Krieg als Möglichkeit gerechnet haben, aber sie waren alsbald mit einer Kriegsrealität konfrontiert, mit der sie in ihren quantitativen und qualitativen Ausmaßen nicht hatten rechnen können – daraus ergab sich das Paradoxon von hypertrophen Kriegsplanungen und Kriegsszenarien bei gleichzeitig unzureichender Vorbereitung.[7]

Wie aber kamen Menschen in diesen Krieg, und wie kam der Krieg zu den Menschen? Was bedeutete dieser tiefgreifende Umbruch von Erwartungen und Erfahrungen für sie konkret? Die folgenden Überlegungen gehen diesen Fragen nach – symptomatisch, in einem Panorama von Erfahrungen an der militärischen wie an der Heimatfront.

---

5 A.a.O., 17–18; vgl. Leonhard, Büchse der Pandora (s. Anm. 2), 238–240.
6 Paul Fussell, The Great War and Modern Memory (1975). With a New Introduction by Jay Winter, Oxford 2013, 7; James J. Sheehan, Kontinent der Gewalt. Europas langer Weg zum Frieden (engl.: 2008), München 2008, 97.
7 Vgl. Leonhard, Büchse der Pandora (s. Anm. 2), 254.

2. Von Zivilisten zu Soldaten: Die Rekrutierung von Massenarmeen als globales Phänomen

Mit seinem Roman *Bebuquin* von 1912 gehörte Carl Einstein zu den wichtigsten Autoren des deutschen Expressionismus – aber im August 1914 war er einer der von den Ereignissen Euphorisierten, die innerhalb kurzer Zeit ihr altes Leben und auch ihre Überzeugungen hinter sich ließen. Innerhalb von wenigen Tagen wurde aus dem kritischen Schriftsteller ein Soldat. Seine ersten Eindrücke als Freiwilliger in der Kaserne berichtete er seinem Schriftstellerkollegen Robert Musil – ein Zeugnis der Unordnung, des aufgeregten Chaos, ja einer Regellosigkeit, die einherging mit einem völlig veränderten Lebensrhythmus: „Einstein erzählt: in den Kasernen Unordnung, Entfesselung. Mit Ausnahme des Dienstes. Zentimeterhoher Schmutz, Notlager, Trinken. Es wird wie verrückt gestohlen. Koffer erbrochen. Liegen lassen darf man überhaupt nichts. Er sagt, er weiß nicht, was es ist, es sitzt auch in ihm, er braucht keine Bürste, aber er stiehlt zwei, sieht eine dritte und stürzt auf den Mann los: Du hast meine Bürste, nimmt sie mit Gewalt. Ganzen Abteilungen werden die Gewehrverschlüsse entwendet, sinnlos versteckt, verstreut ... Richter und Rechtsanwälte sagen einander, als wäre es nichts, hast du nicht meine Koppel geklaut? Man hat das Gefühl, passt man nicht sehr auf, fallen alle übereinander her." Der expressionistische Dichter kannte nur noch einen Lebensinhalt: „Einstein ist begeistert; alles andere ausgelöscht. Schläft er bei seiner Frau, hat er nur Interesse für sein Knopfputzmittel. Sein Arbeitszimmer betritt er überhaupt nicht."[8]

Mit Beginn des Krieges begannen in allen Gesellschaften militärische Einberufungen von Wehrpflichtigen, Reservisten und Freiwilligen in einem bis dahin unvorstellbaren Ausmaß. Allein über die Hohenzollernbrücke bei Köln rollten vom 2. bis 18. August 2.150 Züge nach Westen, im Durchschnitt alle zehn Minuten einer.[9] Die Aufstellung von Hunderttausenden von Soldaten, ihre Ausrüstung, ihr Transport an die Fronten war für die Staaten eine ungeheure Herausforderung, wo im August die Ernte einzuholen war, die sich nicht allein in logistischen Problemen zeigte. Gerade auf dem Land wurden die Gestellungsbefehle von besonderer Angst begleitet. Das zeigte sich vor allem im Russischen Reich, wo im Sommer 1914 die verschiedenen ethnischen Gruppen der Bevölkerung ganz unterschiedlich auf die Rekrutierungen reagierten: Bei armenischen Familien in Transkaukasien, wo

---

8 Robert Musil, Tagebücher, hrsg. von Adolf Frisé, Reinbek 1983, 299; Karl Corino, Robert Musil. Leben und Werk in Bildern und Texten, Reinbek 1989, 221.

9 Thomas Nipperdey, Deutsche Geschichte 1866-1918, Bd. 2: Machtstaat vor der Demokratie, München 1992, 759; Rolf Spilker/Bernd Ulrich (Hrsg.), Der Tod als Maschinist. Der industrialisierte Krieg 1914-1918, Bramsche 1998, 274.

das Einkommen weitgehend von der Landarbeit der Männer abhing, zeigten sich Ehefrauen und Mütter entsetzt und fassungslos, als sich abzeichnete, dass Ehemänner, Väter und Brüder zum Militär eingezogen würden. Zeitgenossen berichteten von Städten, in denen man wochenlang Tag und Nacht das „Weinen und Klagen unter den Frauen und Kindern" gehört habe. Ein anderes typisches Reaktionsmuster, das in vielen ländlichen Gegenden und Provinzstädten die Rekrutierungen zu Kriegsbeginn begleiteten, waren gewaltsame Plünderungen von Geschäften und Alkoholexzesse, in denen viele Offiziere einen mindestens ebenso mächtigen Gegner erblickten wie in den deutschen und österreichischen Armeen.[10]

Der Wechsel vom Zivilisten zum Soldaten war aber nicht nur eine Erfahrung junger Männer in Europa, sondern hatte von Anfang an auch eine globale Dimension. Kande Kamara stammte aus dem westafrikanischen Kindia in Französisch Guinea. Da er selbst nicht lesen und schreiben konnte, wurden seine Kriegserfahrungen 1976 in einer Interviewserie aufgezeichnet. Kamara arbeitete bei Kriegsausbruch als Fahrer in der Hauptstadt Bamako, als er von den französischen Rekrutierungen hörte. Als er in sein Heimatdorf zurückkehrte, hatten sich dort fast alle Männer vor den Rekrutierungsbeamten versteckt: „Alle waren im Busch, in den Tälern und in den Bergen. In die Stadt kamen sie nur in dunklen Nächten." Kamaras Vater verbot dem Sohn, sich freiwillig zu melden, „denn er dachte, es wäre dumm und lächerlich in einen Krieg zu ziehen, den ich nicht verstehe, und um in einem anderen Land zu kämpfen." Trotz des Widerstandes seines Vaters entschied sich Kamara schließlich zum Eintritt in das Militär. Zum einen meldeten sich auch die Kinder aus den im Dorf weniger angesehenen Familien zum Kriegsdienst, weil man ihnen eine Verbesserung ihres Status versprach – was Kamara eifersüchtig machte, zum anderen sprach die militärische Ausrüstung für sich:

> „Ich hatte das Gefühl, dass ich als eines der älteren Kindes eines Häuptlings die Pflicht hatte, in den Krieg zu ziehen, wenn [der weiße Mann] uns braucht. Sie hatten bereits versprochen, dass jeder Sklave, der in den Krieg zieht, bei seiner Rückkehr ein Häuptling werden würde. Darauf war ich neidisch und es war einer der Gründe, weshalb ich in die Armee eintrat. Ich dachte, es wäre beleidigend, von einem Sklaven regiert zu werden, wenn er aus dem Krieg wiederkommt ... Es wurde mir Kleidung, Geld und Essen gegeben. Am Nachmittag präsentierte ich mich meinen Leuten in Armeeuniform. Es gab einen richtigen Aufruhr, es gab hysterische Zustände, jeder im Dorf war aufgeregt, als er meine Uniform sah."[11]

---

10 Zitiert nach: JOSH SANBORN, The Mobilization of 1914 and the Question of the Russian Nation: A Reexamination, in: Slavic Review 59 (2000), 267–289, hier: 275–277.

11 Zitiert in: SVETLANA PALMER/SARAH WALLIS (Hrsg.), Intimate Voices From the First World War, New York 2003, 213–215.

Für die meisten Soldaten gehörte zum August 1914 die relative Gleichzeitigkeit des Kriegsbeginns, die ganz konkrete Erfahrung des Kriegsstaats, verbunden mit Hoffnungen: auf den Ausbruch aus dem bekannten Lebensrhythmus, auf Abenteuer, vor allem aber auf Teilhabe durch Loyalitätserweise, so bei vielen Arbeitern, oder auf eine relative Statusverbesserung innerhalb der Kolonialregimes, so bei den zahllosen Kolonialsoldaten aus Afrika, Asien oder Indien.[12]

3. Verdichtung und Beschleunigung: Die neue Gewalt des Maschinenkrieges

Bei Rossignol in Südbelgien traf am 22. August 1914 das Regiment Nr. 1 der 3. Kolonialdivision unter General Raffenel auf deutlich unterlegene deutsche Truppen und wurde dennoch fast komplett aufgerieben, vor allem durch gegnerisches MG-Feuer und auch durch eigenen fehlgeleiteten Artilleriebeschuss. Von 3.200 Mann verlor das Regiment innerhalb kurzer Zeit ca. 3.000 Mann, davon 2.000 Tote sowie 1.000 Verwundete oder Gefangene. Im Tagesbefehl des französischen Generals Joseph Joffre vom 24. August 1914 hieß es zwar, dass in allen Fällen, „in denen man die Infanterie zum Angriff vorgehen lassen wollte, ohne dass die Artillerie ihre Wirkung fühlbar gemacht hatte" die Infanterieeinheiten „unter dem Feuer der Maschinengewehre" enorme Verluste erlitten habe, „die man hätte vermeiden können."[13] Doch im Kern hielten die Oberbefehlshaber an der überkommenen Offensivkonzeption fest. Sie verdrängten, wie verheerend die im Verbund eingesetzten Artilleriewaffen und MGs auf dem Schlachtfeld wirkten. Gegen die Einschränkung der Infanteriebewegung und die von der Waffenwirkung her drohende Lähmung des Gefechtsfeldes setzten sie auf einen umso gesteigerten Angriffsdruck. Sie blieben überzeugt davon, dass es eine Frage von Willensstärke, Disziplin und Tapferkeit sei, durch dichte Schützenlinien möglichst viel Feuerkraft durch einzelne Gewehre an die gegnerischen Stellungen heranzutragen und den Gegner dann im Nahkampf niederzuringen. Obwohl man in den militärischen Reglements vor 1914 gewisse Lehren aus den Kriegen in Südafrika und zwischen Russland und Japan gezogen und der Deckung der Infanteristen größere Aufmerksamkeit geschenkt hatte, blieb die moralische Disposition des Soldaten die entscheidende Richtschnur, wie sich in der französischen Orientierung an der „offensive à outrance" zeigte: „Die moralischen Kräfte sind die mäch-

---

12 Vgl. Leonhard, Büchse der Pandora (s. Anm. 2), 154–160.

13 Alexandre Percin, Le massacre de notre infanterie 1914–1918, Paris 1921, 21, zitiert nach: Hans Linnenkohl, Vom Einzelschuss zur Feuerwalze. Der Wettlauf zwischen Technik und Taktik im Ersten Weltkrieg, Bonn 1996, 175.

tigsten Träger des Erfolgs. Die Ehre und die Vaterlandsliebe flößen der Truppe die edelste Hingebung ein. Der Opfermut und der Wille zu siegen, sichern den Erfolg."[14] Feldbefestigungen und ausgebaute Schützengräben lehnten die Stabsoffiziere ab, da sie befürchteten, sie könnten den Angriffswillen der Mannschaften lähmen und angeblicher Feigheit Vorschub leisten. In der russischen Armee blieben die Prinzipien des Generals Dragomirov leitend: „Die Kugel ist töricht, allein das Bajonett ist ein Mann ... Es gibt eine nationale Taktik, unter die sich die moderne Bewaffnung beugen muss, und keineswegs eine moderne Bewaffnung, an die sich die nationale Taktik anzupassen hat."[15]

Die Waffenwirkung hatte aber nicht allein eine quantitative Dimension. Töten und Getötetwerden wurden anonymisiert. Die Bedienung der schweren Geschütze war von den Wirkungsorten nun so weit entfernt, dass der Krieg durch diese Distanz und die notwendige Funkkommunikation eigenartig abstrahiert, ja bürokratisiert erschien, jedenfalls eine eigene rational-sachliche Dimension annahm.[16] Harry Graf Kessler beschrieb seine Eindrücke vom Einsatz der neuen Kruppmörser in Belgien am 22. August 1914: „Der eine rasierte den Beobachtungsturm, ein andrer warf einen grossen Betonblock herauf, man sah die Zerstörung fortschreiten. Die Feuerleitung, ein Hauptmann u. ein Oberleutnant, sassen neben uns in Deckung wie in einem Bureau, gaben durch Telephon dem zwei Kilometer entfernten Geschütz Befehle und Zahlen an, genau wie ein Bankier Orders für Kaufen und Verkauf an die Börse telephoniert, eine ganz methodische Bureautätigkeit, eine methodische Geschäftstätigkeit, deren börsenartiger Eindruck dadurch erhöht wurde, dass der Hauptmann auf das Haar Walther Rathenau glich. Eine Order konnte hundert Leichen erbringen, zwischen den Schüssen wurde geplaudert und gefrühstückt, man empfand es nur, wenn man sich zwang daran zu denken, dass der kühle Rechner mit seinen Orders tötete."[17]

Artillerie, Maschinengewehr und die zielgenauen Repetiergewehre wirkten als Distanzwaffen, die einen direkten Kontakt zwischen den Gegnern zur Ausnahme

---

14 Zitiert nach: a.a.O., 165; vgl. a.a.O. 174-175; Bruno Thoss, Infanteriewaffen, in: Hirschfeld/ Krumeich/Renz (Hrsg.), Enzyklopädie Erster Weltkrieg, 575-579, hier: 575-576.

15 Friedrich Immanuel, Die französische Infanterie, Berlin 1905, 49; Jean-Baptiste Montaigne, Vaincre. Esquisse d'une Doctrine de la Guerre basée sur la Connaissance de l'Homme et de la Morale, 3 Bde., Paris 1913, 120; Linnenkohl, Vom Einzelschuss zur Feuerwalze (s. Anm. 13), 42.

16 Vgl. Stefan Kaufmann, Kommunikationstechnik und Kriegführung, 1815-1945. Stufen telemedialer Rüstung, München 1996, 158-169.

17 Harry Graf Kessler, Das Tagebuch, 22. August 1914, Bd. 5: 1914-1916, hrsg. von Günter Riederer/Ulrich Ott, Stuttgart 2008, 93.

machten. Insgesamt starben etwa 70 Prozent der Soldaten in diesem Krieg durch Artillerieeinwirkung, aber weniger als ein Prozent durch traditionelle Nahwaffen wie Säbel und Bajonett. Vor allem der im Laufe des Krieges enorm gesteigerte Artilleriebeschuss im Stellungskrieg machte aus der Gefahr des Todes eine im Prinzip kontingente und für alle Soldaten gleichartige Gefahr. Der zu jedem Zeitpunkt mögliche Tod durch diese Waffen, auch außerhalb eines zeitlich abgrenzbaren Gefechts, ließ eine ganz neue psychische Belastungssituation und in deren Folge auch ganz neue Krankheitsbilder entstehen. Zur Anonymisierung des Tötens gehörte, dass der intensivierte Artillerieeinsatz auf relativ geringen Flächen die Körper der Gefallenen so sehr zerstückelte, dass eine spätere Identifizierung nicht mehr möglich war. Dies war eine Erfahrung, die in den kommenden Monaten und Jahren eine kaum zu überschätzende Dimension annahm: Von den 379.000 französischen Toten der Schlacht von Verdun 1916 galten ca. 100.000 als vermisst, weil man in den meisten Fällen einzelne Leichenteile nicht mehr zuordnen konnte. Die Zahl von ca. 300.000 Vermissten der insgesamt 1,3 Millionen französischen Gefallenen des gesamten Krieges lässt nur erahnen, was dies für die Angehörigen bedeutete: Die Realität dieses Krieges raubte ihnen nicht nur die Körper dieser Männer, sondern auch die Möglichkeit, die toten Angehörigen zu bestatten und zu betrauern.[18]

Die Verlustzahlen der ersten Wochen und Monate des Krieges überforderten auch die militärische Bürokratie. Wo es überhaupt verlässliche Zahlen gab, unterlagen sie strenger Geheimhaltung. Aber trotz dieser Zensur erfuhren die Menschen zu Hause sehr bald von den Vernichtungsdimensionen dieses Krieges. Der junge Franzose, der im August 1914 wegen einer Krankheit nicht zu seiner Einheit zurückkehren konnte und am Ende des Jahres der einzige von 27 Mitschülern seiner Klasse am Lycée war, der noch am Leben war, stellte nur ein Beispiel unter tausenden in den europäischen Kriegsgesellschaften dar.[19] Der 45 Jahre alte Michel Corday, der als hoher Beamter im November 1914 in Bordeaux mit den Ministern Aristide Briand und Marcel Sembat zu Mittag aß, erfuhr dabei, dass auch die Kabinettsmitglieder keine Ahnung hatten, über wie viele Soldaten Frankreich verfügte und wie hoch genau die Verluste der ersten Wochen waren. Angesichts der vielen Toten und Vermissten war die Bürokratie gar nicht in der Lage, die Truppenlisten zu aktualisieren. Als Corday im Dezember der Wiedereröffnung der Deputiertenkammer beiwohnte, traf er den Adjutanten eines Generals, der im Zivilleben Direktor der

---

18 Ian Ousby, The Road to Verdun: France, Nationalism and the First World War, Garden City 2002, 9; Sheehan, Kontinent der Gewalt (s. Anm. 6), 104.

19 Barbara Wertheim Tuchman, The Guns of August, New York 1962, 439, Anm.; Gordon Alexander Craig, Die Revolution in Kriegführung und Diplomatie 1914 bis 1939, in: Ders., Krieg, Politik und Diplomatie, Wien 1968, 250–266, hier: 252.

Opéra Comique war und ihm berichtete, dass man dort jeden Abend bis zu 1.500 Besucher abweisen müsse. In den Logen säßen meist weinende Frauen in Trauerkleidung, sie kämen, um in der Oper zu weinen und Trost in der Musik zu suchen.[20] Am 27. September 1914 hieß es in einem Kommentar des *Prager Tagblatts:* „Das Unheimlichste an diesem Krieg ist die Heimlichkeit, mit der er geführt wird. Unsere Söhne, Brüder, Gatten und Väter besteigen den Zug – wir wissen nicht, wohin er sie trägt. Unsere Angehörigen dürfen uns nicht schreiben, wo sie sind, und wenn wir ihren Namen in den Verlustlisten lesen, so ahnen wir nicht, wo sie begraben liegen, in welcher Schlacht sie ihre Verwundung empfingen."[21]

4. Schicksalsgemeinschaften: Der Mikrokosmos der Soldaten

Der französische Rekrut Jean Dartemont übersah am 15. August 1915 zum ersten Mal einen größeren Frontabschnitt vom Turm einer durch Artilleriebeschuss beschädigten Kirche auf dem Hügel des Mont Saint-Éloi im Artois: „Von dort blickte man weit über die Ebene des Artois, doch nichts ließ erkennen, dass dort eine Schlacht im Gange war. Nur einige weiße Wölkchen, die den Detonationen vorangingen, bewiesen uns, dass der Krieg hier stattfand, wir sahen keine Spur der in ihre Gräben geduckten Armeen, die sich in dieser stillen, ausgedörrten Landschaft gegenseitig beobachteten und langsam zerstörten." Kriegserwartung und Fronterfahrung des Soldaten fielen weitgehend auseinander. Der Blick von oben stand in keinem Verhältnis zum Wissen um die Grausamkeit der Schlachten: „Diese so ruhig unter der sengenden Sonne daliegende Fläche verunsicherte uns in unseren Vorstellungen vom Kriegsverlauf. Wir konnten die Schützengräben zwar deutlich erkennen, aber sie wirkten wie kleine Dämme, wie schmale, gewundene Kanäle, es schien uns nicht denkbar, dass dieses zarte Netz den Angriffen ernsthaften Widerstand entgegensetzen könnte, es sah aus, als könnte man mit ein paar Schritten darübersetzen und vorrücken."[22]

In der Raumwahrnehmung der Soldaten gab es keine Schlachtfelder im traditionellen Sinne mehr, sondern nur noch einzelne Frontabschnitte, auf die sich auch

---

20 PETER ENGLUND, Schönheit und Schrecken. Eine Geschichte des Ersten Weltkriegs, erzählt in neunzehn Schicksalen, Berlin 2011, 67-68 und 73.

21 Prager Tagblatt, Morgenausgabe, 27. September 1914, 2; THOMAS ANZ, Motive des Militärischen in Kafkas Erzähltexten seit August 1914, in: MANFRED ENGEL/RITCHIE ROBERTSON (Hrsg.), Kafka, Prag und der Erste Weltkrieg, Würzburg 2012, 173-183, hier: 182-183; vgl. LEONHARD, Büchse der Pandora (s. Anm. 2), 151-154.

22 GABRIEL CHEVALLIER, Heldenangst (franz.: La Peur, 1930), Berlin 2010, 67.

das Feuer der artilleristischen Distanzwaffen bezog. So entstand im Bewusstsein der Zeitgenossen eine „gerichtete Landschaft": Zur Frontseite hin schien das Gebiet „ein Ende zu haben, dem ein Nichts" zu folgen schien.[23] Nach hinten öffnete sich dagegen ein eigener Raum, der durch gestaffelte Funktionen definiert war, ein Netz aus Versorgungs- und Verteidigungsgräben, den Artilleriestellungen und schließlich der Etappe. Mit dem Übergang vom Bewegungs- zum Stellungskrieg bildete sie einen eigenen Kosmos des Krieges. Hier lagen große Versorgungslager für Munition und Lebensmittel, Lazarette zur Erstversorgung von Verwundeten, Stellungsräume für neue Truppen und Ruhezonen für Kampftruppen nach dem Einsatz.

Die Macht des Zufalls, die darüber entschied, ob man den Krieg überlebte oder nicht, wurde zu einem Leitmotiv der soldatischen Fronterfahrung. Robert Musil erlebte im September 1915 den Einschlag eines italienischen Fliegerpfeils unmittelbar neben sich. Fliegerpfeile waren 10 bis 15 Zentimeter lange Stahlpfeile, die Kampfpiloten aus ihren Flugzeugen abwarfen. Für Musil nahm dieses Erlebnis den Stellenwert einer eigenen Initiation an, in der sich das Nichtwissen um den Einschlag mit dem Wissen um die Präsenz und unmittelbare Nähe des Todes verband:

„Das Schrapnellstück oder der Fliegerpfeil auf Tenna: Man hört es schon lange. Ein windhaft pfeifendes oder windhaft rauschendes Geräusch. Immer stärker werdend. Die Zeit erscheint einem sehr lange. Plötzlich fuhr es unmittelbar neben mir in die Erde. Als würde das Geräusch verschluckt. Von einer Luftwelle nichts erinnerlich. Muß aber so gewesen sein, denn instinktiv riß ich meinen Oberleib zur Seite und machte bei feststehenden Füßen eine ziemlich tiefe Verbeugung. Dabei von Erschrecken keine Spur, auch nicht von dem rein nervösen wie Herzklopfen, das sonst bei plötzlichem Choc auch ohne Angst eintritt. – Nachher sehr angenehmes Gefühl. Befriedigung, es erlebt zu haben. Beinahe Stolz; aufgenommen in eine Gemeinschaft, Taufe."[24]

Dieses Gefühl, dem Tod ausgesetzt zu sein, blieb aber nicht auf die unmittelbare Schlacht allein beschränkt. Jean Dartemont beschrieb eine veränderte Wahrnehmung von Himmel und Sonnenaufgang als Chiffren von Natur und Zeit, die in der Vorkriegsgesellschaft Zeichen des Friedens gewesen waren, jetzt aber zu bedrohlichen Fallen wurden, wenn die Aufmerksamkeit der Soldaten nachließ:

„Das rosa Morgenlicht, die stille Dämmerung, der warme Mittag sind Fallen. Die Freude wird für uns ausgelegt wie ein Köder. Von körperlichem Behagen erfüllt,

---

23 Kurt Lewin, Kriegslandschaft, in: Zeitschrift für angewandte Psychologie 12 (1917), 441, zitiert nach: Ulrich Bröckling, Disziplin. Soziologie und Geschichte militärischer Gehorsamsproduktion, München 1997, 202.

24 Musil, Tagebücher, 22. September 1915 (s. Anm. 8), 312; Corino, Robert Musil (s. Anm. 8), 238.

streckt ein Mann seinen Kopf aus dem Schützengraben und wird getötet. Einem mehrstündigen Beschuss fallen nur wenige Männer zum Opfer, und eine einzige, aus Langeweile abgeschossene Granate fällt mitten in einen Zug und vernichtet ihn. Ein Soldat ist nach alptraumhaften Tagen von Verdun zurückgekehrt, und beim Exerzieren explodiert ihm eine Handgranate in der Hand, sie reißt ihm den Arm ab und zerfetzt ihm die Brust."[25]

Soldaten begriffen sich vor diesem Hintergrund weniger als Täter, sondern eher als Opfer von technologisch anspruchsvollen Waffen, Geschossen und einem Gewaltsystem, das allenfalls in kurzen Momenten durch die gegnerischen Soldaten, durch konkrete Personen also, sichtbar wurde. Ansonsten handelte es sich um eine weitgehend entindividualisierte Erfahrung, die aber auf die Psyche der betroffenen Soldaten umso stärker einwirkte. Daraus resultierte auch die Neigung, den Gegner nicht im Licht jener nationalen Feindbilder zu sehen, die zu Kriegsbeginn dominiert hatten und in den Heimatgesellschaften präsent blieben. Vielmehr hob man die gemeinsame Erfahrung hervor, die aus prinzipiell gleichen Gefahren und Lebensbedingungen auf beiden Seiten der Front resultierte: Der Gegner blieb Gegner, aber er war situativ auch immer wieder Kamerad. Gerade der Abstand zu den Kommandeuren der Etappe, die Differenz zwischen horizontaler und vertikaler Erfahrung, zwischen relativer Gleichheit der soldatischen Lebenswelt und der kritischen Sicht der militärischen Hierarchie bildete für diese Deutung einen entscheidender Ansatzpunkt, wie auch Jean Dartemont resümierte:

„Daher ist der Schrei, der manchmal aus den deutschen Schützengräben erschallt, ‚Kamerad Franzose', wahrscheinlich ernst gemeint. Der ‚Fritz' ist dem ‚Poilu' näher als seinem eigenen Feldmarschall. Und der ‚Poilu' ist dem ‚Fritz' aufgrund des gemeinsamen Elends näher als den Leuten in Compiègne. Unsere Uniformen sind unterschiedlich, doch wir sind alle Proletarier der Pflicht und der Ehre, Bergarbeiter, die in konkurrierenden Grubenunternehmen arbeiten, doch vor allem gleich entlohnte Bergarbeiter, die gleichermaßen von schlagenden Wettern bedroht werden."[26]

5. Heimatfronten, Männer und Frauen: Vom Umgang mit traumatisierenden Erfahrungen

Unter dem Eindruck der deutschen Siegesmeldungen sandte die Stettiner Hausbesitzerin Redepenning an ihre Mietsparteien im September 1914 einen Brief, in

---

25 CHEVALLIER, Heldenangst (s. Anm. 22), 342–343.
26 A.a.O., 344; vgl. LEONHARD, Büchse der Pandora (s. Anm. 2), 326–330 und 341.

dem sie die epochalen Ereignisse der vergangenen Wochen kommentierte: „Die gewaltige Wendung, die durch die Gnade des Allmächtigen Gottes unsere durch seine Macht und Kraft bewaffneten Truppen uns errungen haben, lassen uns in eine große gesegnete kommende Zeit blicken. Möchte unser Volk so viel Gnade nie vergessen, nie den alten Gott, der Staat und Volk vor allem Übel bewahrt. Ihre Wohnung kostet vom 1. Oktober ab 30 Mark."[27] So kam der Krieg sehr bald auf vielen unterschiedlichen Wegen in die Heimatgesellschaften. Er veränderte politische Entscheidungsprozesse, die Funktion von Parlamenten und Parteien, soziale Konstellationen und überkommene gesellschaftliche Rollen, er stellte die tradierte Ordnung von öffentlichen und privaten Finanzen, von Ökonomien, von Produktion und Handel, in Frage. In wenigen Monaten seit Beginn des Krieges verdichteten sich diese Tendenzen zu einer Heimatfront, der mit zunehmender Dauer des Krieges ein Eigengewicht zukam, das für die Kriegserfahrung von Millionen von Frauen, Männern und Kindern prägend werden sollte.[28]

Je länger der Krieg andauerte, desto ambivalenter wurde das Bild der Frau im Krieg: Die Vorstellung der Frau als unschuldiges Opfer feindlicher Gewalt blieb erhalten, sei es in der Erinnerung an die Vergewaltigung namenloser belgischer Frauen durch deutsche Soldaten oder in der Empörung über die Hinrichtung der der Spionage verdächtigen britischen Krankenschwester Edith Cavell 1916 durch Deutschland. Aber gleichzeitig erschien die Frau auch als Hort der Gefahr, der emotionalen Instabilität, der Verführung und Verführbarkeit – Eigenschaften, die im Gegensatz zu der den Männern an der Front zugeschriebenen Willenskraft und Nervenstärke standen. Gerade in Augenblicken der Krise an der Heimatfront schien es wichtig, die mit den Geschlechtern identifizierte Wertordnung und ihre Gültigkeit unter Beweis zu stellen. Als die französischen Behörden 1917 Mata Hari als deutsche Spionin aburteilen und hinrichten ließen, spielten solche Vorstellungen eine wesentliche Rolle. In die Sphäre der mit der Frau identifizierten Gefahren gehörte schließlich auch das Motiv der weiblichen Überträgerin von Geschlechtskrankheiten, vor der die Soldaten auf unzähligen Flugblättern immer wieder gewarnt wurden.

Schließlich war der Krieg auch eine enorme Herausforderung für Partnerschaften und Familien. Auch hier war das Verhältnis zwischen Front und Heimat keinesfalls statisch; es gab vielfältige Verknüpfungen und Interaktionen, wie die

---

27 EDUARD ENGEL, 1914. Ein Tagebuch. Mit Urkunden, Bildnissen, Karten. Bd. 1: Vom Ausbruch des Krieges bis zur Einnahme von Antwerpen, Bd. 2: Von der Einnahme Antwerpens bis zum Ende des Jahres 1914, Braunschweig 1915, zitiert nach: ERNST JOHANN (Hrsg.), Innenansicht eines Krieges. Bilder – Briefe – Dokumente, Frankfurt/M. 1968, 57.

28 Vgl. LEONHARD, Büchse der Pandora (s. Anm. 2), 205.

vergewaltigten Frauen im besetzten Frankreich, aber auch die zahllosen Briefe der Frauen und Soldaten bewiesen. Die emotionale Verbindung zu den kämpfenden Brüdern, Vätern und Ehemännern, die Angst davor, sie nicht wiederzusehen oder die Trauer um die Toten war die eine Seite. Aber die Frauen erfuhren den Krieg auch ganz konkret, etwa in den Luftangriffen auf die Städte und in den Flüchtlingsströmen. Doch die monatelangen Trennungen und der Eindruck, dass sich die Erfahrungen an der Front und in der Heimat trotz unzähliger Briefe immer weiter voneinander entfernten und sich über die lange Dauer des Krieges immer weniger vermitteln ließen – all das trug auch zur emotionalen Entfremdung von Ehepartnern bei.

Die Flucht in eine imaginierte Normalität, der Versuch, an einem Vorkriegsbild von Heimat, Familie und Ehe festzuhalten, diente der emotionalen Selbststabilisierung – aber sie hatte einen Preis. Gerade Frauen nahmen diese sich mit jedem Kriegsjahr vertiefende Kluft zwischen Illusion und Realität sehr genau wahr. In der Korrespondenz zwischen Anna und Lorenz Treplin, seit 1901 Chirurg am Allgemeinen Krankenhaus Eppendorf und im August 1914 als Stabsarzt einberufen, zeigte sich dies in aller Deutlichkeit. Anna Treplin erkannte früh, dass von einer Beziehung nicht mehr die Rede sein konnte, dass ihr Mann immer weniger in der Lage war, den Alltag der heranwachsenden Kinder nachzuvollziehen. Seine dauernden Hinweise auf den sicher bald zu Ende gehenden Krieg kommentierte sie im September 1916 fast lakonisch: „Denn wenn es ja auch sehr nett von Dir ist, so konsequent an das uns seit 2 Jahren bekannte nahe Kriegsende zu glauben (wenigstens vergeblich!), so hat es nach meiner Ansicht nicht den geringsten Zweck, sich darüber irgend Illusions zu machen."[29] Auch die Heimatbesuche von Lorenz Templin verstärkten eher das Gefühl einer Entfremdung. Nach seinem bisher längsten Urlaub von drei Wochen schrieb er im Frühjahr 1917: „Da sitze ich nun also seit gestern Abend wieder hier und es ist als wäre nichts gewesen als hätte man in einer Nacht die ganzen schönen 3 Wochen geträumt, die mir in den ersten Tagen so wunderschön lang vorkamen. Aber weisst Du so schön auch die ganze Zeit war, es hat doch etwas unbefriedigendes zu Hause zu sein, aber doch nur als Gast. Und dieses Gefühl des Unbefriedigtseins lagert etwas über den ganzen schönen Erinnerungen".[30]

In dem immer wieder von bürgerlichen Konventionen bestimmten Briefwechsel fiel vor allem das disziplinierte Schweigen auf, wenn die Familie dramatische

29 Brief von Anna an Lorenz Treplin, 3. September 1916, in: HEILWIG GUDEHUS-SCHOMERUS/MARIE-LUISE RECKER/MARCUS RIVEREIN (Hrsg.), „Einmal muss doch das wirkliche Leben wieder kommen!" Die Kriegsbriefe von Anna und Lorenz Treplin 1914–1918, Paderborn 2010, 37.
30 Brief Nr. 469, von Lorenz an Anna Treplin, 28. April 1917, in: a.a.O., 625.

Verluste und Todesfälle hinnehmen musste. Die von der sich in Hamburg immer mehr verschlechternden Versorgungslage ausgezehrte Frau und ihre Kinder erkrankten bei einem Besuch ihrer Schwiegereltern im Sommer 1917 auf dem Land an der Ruhr, und ein Kind starb. Über diesen tiefen Einschnitt des Familienlebens verlor Lorenz Treplin in seinen Briefen kein Wort und ging überhaupt kaum mehr auf die Situation zu Hause ein. Es dauerte lange, bis die Ehepartner nach dem Krieg wieder zueinander fanden und die durch den Krieg und seine ganz persönlichen Opfer entstandene Fremdheit allmählich wieder überwanden. Lorenz und Anna Treplin hoben ihre Briefe auf, aber auch nach dem Krieg sollten sie über ihre Erfahrungen mit ihren Kindern und innerhalb der eigenen Familie niemals sprechen. Als die Briefe 1995 zufällig entdeckt wurden, waren sie noch im Original verschnürt.[31]

6. Ausblick: Der Erste Weltkrieg und die neue Tektonik von Erwartungen und Erfahrungen im 20. Jahrhundert

Was folgt aus alldem? Der Erste Weltkrieg war viel mehr als die Vorgeschichte zu einer noch schlimmeren Katastrophe. Er offenbarte, was im Namen von Nation und Nationalstaat möglich war, und das Mögliche zeigte sich in zahllosen Tabubrüchen und Enthemmungen. Darin bestand die Krise einer besonderen europäischen Vergesellschaftung, die sich seit dem Ausgang des 17. Jahrhunderts und vor dem Hintergrund der konfessionellen Bürgerkriege entwickelt hatte. Sie hatte auf der Möglichkeit gegründet, Kriege durch Regeln einzuhegen, sie als Konflikte zwischen prinzipiell souveränen Staaten nicht eskalieren zu lassen, Gewalt zu kanalisieren und sie damit berechenbar zu machen. Das war nach den Erfahrungen der in der Folge der Französischen Revolution und Napoleons entstandenen Kriege im Prinzip auch zwischen 1815 und 1914 noch einmal gelungen – und lange Zeit hatte sich die internationale Staatenordnung angesichts der Entstehung neuer Nationalstaaten und ihrer imperialen Ausgriffe als flexibel erwiesen. Diese Epoche letztlich begrenzter Kriege kam mit dem Ersten Weltkrieg zu Ende: Die europäischen Kriegsgesellschaften verloren zwischen August 1914 und November 1918 ihre Fähigkeit, aus eigenen Kräften äußeren und inneren Frieden zu schließen und einer solchen Friedensordnung langfristig zu vertrauen. Das markierte einen entscheidenden

---

31 Heilwig Gudehus-Schomerus/Marie-Luise Recker/Marcus Riverein, Einleitung, in: Gudehus-Schomerus/Recker/Riverein (Hrsg.), „Einmal muss doch das wirkliche Leben wieder kommen" (s. Anm. 29), 9–43, hier: 39–40; vgl. Leonhard, Büchse der Pandora (s. Anm. 2), 776–777 und 783–784.

Einschnitt für die Wahrnehmung Europas und die Glaubwürdigkeit der von seinen Staaten repräsentierten Ordnungsmodelle in der Welt.

Der Sieger des Weltkrieges war keine Nation, kein Staat, kein Empire, und sein Ergebnis war keine Welt ohne Krieg. Der eigentliche Sieger war der Krieg selbst, das Prinzip des Krieges, der totalisierbaren Gewalt als Möglichkeit. Das wog langfristig umso schwerer, weil es im fundamentalen Gegensatz zu jenem Leitmotiv stand, das sich während des Krieges entwickelt hatte und das für viele ein entscheidender Grund gewesen war, den Krieg mit allen Mitteln fortzusetzen. Die Hoffnung, ein letzter grausamer Krieg müsse am Ende gegen das Prinzip des Krieges überhaupt geführt werden, das Vertrauen darauf, dass der Weltkrieg ein allerletzter Krieg, ein *war that will end war* sei, sollte bitter enttäuscht werden. Denn bereits mit dem ganz ungleichzeitigen Ende des Weltkrieges, vor allem in den Zonen der zusammengebrochenen Großreiche Russlands, der Habsburgermonarchie und des Osmanischen Reiches, aber auch außerhalb Europas, war weit über 1918 hinaus allen rhetorischen Bekräftigungen einer neuen internationalen Ordnung zum Trotz das Prinzip des Krieges, der gewaltsamen Veränderung durch Mobilisierung aller zur Verfügung stehenden Ressourcen, verstärkt worden.[32]

Was sich durch den Krieg elementar veränderte, war der Blick auf die Möglichkeiten der Gewalt vor dem Hintergrund einer neuartigen Unübersichtlichkeit, eines Zeitalters der Frakturen, das zu neuen Kategorienbildungen zwang. Es war nach 1918 kein neuer stabiler Ordnungsrahmen – weder gesellschaftlich, noch politisch, noch international – erkennbar. Aber die neuen Modelle des Bolschewismus wie des Faschismus wandten sich unverkennbar gegen das liberale Erbe des 19. Jahrhunderts, nicht zuletzt in der ausgesprochenen Gewaltbereitschaft und dem entgrenzten Terror nach innen und außen. Das hatte mit vielfältigen Weltkriegserfahrungen zu tun, den Übergängen vom Staatenkrieg in die Revolution und den Bürgerkrieg genauso wie mit den enttäuschten Erwartungen in vielen Gesellschaften nach 1918. Um 1930 schien das Modell des liberalen Verfassungsstaates und der Parlamentarismus jedenfalls seine Zukunft hinter sich zu haben.

Hinter dieser tiefgreifenden Erschütterung wurde etwas anderes sichtbar. Stärker als in jedem Krieg zuvor und danach traten im Ersten Weltkrieg Erwartungen und Erfahrungen auseinander. Walter Benjamin schrieb 1933 im Rückblick:

> „Nein, soviel ist klar: die Erfahrung ist im Kurse gefallen und das in einer Generation, die 1914–1918 eine der ungeheuersten Erfahrungen in der Weltgeschichte gemacht hat ... Denn nie sind Erfahrungen gründlicher Lügen gestraft worden, als die strategischen durch den Stellungskrieg, die wirtschaftlichen durch die Inflation, die kör-

---

32 Vgl. Leonhard, Büchse der Pandora (s. Anm. 2), 998–999.

perlichen durch den Hunger, die sittlichen durch die Machthaber. Eine Generation, die noch mit der Pferdebahn zur Schule gefahren war, stand unter freiem Himmel in einer Landschaft, in der nichts unverändert geblieben war als die Wolken, und in der Mitte, in einem Kraftfeld zerstörender Ströme und Explosionen, der winzige, gebrechliche Menschenkörper."[33]

Was aber war die Konsequenz dieser radikalen Entwertung von Erwartungen durch eine Explosion von Gewalterfahrungen in kurzer Frist seit dem Sommer 1914? Bis in die frühe Neuzeit waren Erwartungshorizonte und Erfahrungsräume in einem zyklischen Zeitverständnis aufeinander bezogen geblieben. Zwischen 1770 und 1850 brach diese Zeitvorstellung auseinander, weil die Erwartungen der Menschen im Zeitalter der Französischen Revolution weit über ihre Erfahrungen hinausschossen.[34] Das, was im August 1914 begann und im November 1918 nicht endete, kehrte diese Tektonik radikal um: Nun entlarvte der Krieg die Fortschrittserwartungen, jenes Erbe des 19. Jahrhunderts, als harmlose Szenarien, die der Dynamik der Erfahrungen in diesem Krieg nicht mehr standhielten. Das Ergebnis war eine Glaubwürdigkeitskrise in nahezu allen Lebensbereichen: eine Krise der Politik, Wirtschaft und Gesellschaft, der ideologischen Entwürfe zur Rechtfertigung von Staaten und Reichen, von Nationen, Ethnien und Klassen. Darin, in dieser elementaren Verunsicherung, in verkürzten Geltungsfristen und Halbwertzeiten großer Ordnungsideen, liegt ein Erbe des Krieges bis in die Gegenwart.

Der enthemmten Gewaltgeschichte in der ersten Hälfte des 20. Jahrhunderts folgte nach 1945 eine mindestens für Europa friedliche Phase im Zeichen des stabilen Kalten Krieges und der Durchsetzung der demokratischen Massengesellschaft, zunächst in West-, dann nach 1989/91 auch in Osteuropa. Es schien, als habe man die zweite Hälfte des 20. Jahrhunderts gebraucht, um die seit August 1914 geschlagenen Wunden allmählich zu heilen. Aber sichtbar bleiben sie bis heute.[35]

---

33 Walter Benjamin, Erfahrung und Armut (Dezember 1933), in: Walter Benjamin (Hrsg.), Gesammelte Schriften, Bd. 2/1, Frankfurt/M. 1977, 213–219, hier: 214.

34 Reinhart Koselleck, „Erfahrungsraum" und „Erwartungshorizont" – zwei historische Kategorien, in: Ders. (Hrsg.), Vergangene Zukunft. Zur Semantik geschichtlicher Zeiten, Frankfurt/M 1989, 349–375.

35 Vgl. Leonhard, Büchse der Pandora (s. Anm. 2), 1004 und 1013.

Abstract

Der Erste Weltkrieg konfrontierte die ganz unterschiedlichen Erwartungen der Zeitgenossen von 1914 mit Gewalterfahrungen in einem bis dahin unvorstellbaren Ausmaß. In kürzester Zeit wurden Erwartungen, Projektionen und Hoffnungen von radikal neuartigen Erfahrungen in der Realität des Krieges entwertet. Mochten die Menschen vor 1914 mit einem Krieg als Möglichkeit operiert haben, so fanden sie sich nun in einer Wirklichkeit wieder, die alle Vorstellungen sprengte. Der Beitrag fragt danach, wie Zeitgenossen diesen tiefgreifenden Umbruch erfuhren, was er für sie bedeutete, wie sie mit ihm umgingen und wie sich dabei Heimatfront und militärische Front voneinander unterschieden.

World War I confronted the different expectations of contemporaries with experiences of violence in an extent unimaginable until then. Rapidly, and radically, their expectations, projections and hope were invalidated by the realities of war. Even if people had operated with various preconceived conceptions of the possibilities of war befor 1914, they now found themselves in a reality outside the scope of imagination. The essay focusses on how contemporaries experienced profound changes, how they made sense of and dealt with them as well as on how the home front differed from the military front in this.